Yam-Yam
A Piece Of Delight

Contents

From. Director

GREETING

밥은 단순히 '끼니'만을 의미하지 않는다. 누군가를 향한 관심과 애정이다. 부모님의 안부전화는 "밥 먹었니?"로 시작해서 "밥 잘 챙겨 먹어라"로 끝난다. 옛 친구와의 해후를 "밥 한 번 먹자"로 마무리한 경험도 있을 것이다. 쌀 한 톨이 귀하던 시절, 가족과 친구가 굶지 않길 바라는 마음이 밥 속으로 배어들어 오늘날까지 내려온 것이리라.

어느 식료품 업체의 광고문구처럼 밥을 짓는다는 건 사랑을 말하는 가장 쉬운 방법이다. 누군가를 위해 재료를 고르고, 썰고, 찌고, 볶는 행위에는 숭고함이 깃들어 있다. 그토록 난해한 사랑을 명징하게 보여주는 행위인 것이다. 동그란 식탁에서 먹고 마시며 웃는 사이, 행복은 가장 단순한 모습으로 둥글게 둥글게 피어오른다. 모든 세포와 무의식이 '지금 나는 좋다'고 속삭인다.

이런 풍성한 행복을 나누자는 바람으로 멜로우 4호 테이블을 차렸다. 음식 앞에서 눈망울이 더욱 말랑해지는 녀석에게 더 좋은 것 먹이고 싶은, 그리하여 심장은 더 건강하게 뛰고 털 빛깔도 더 선명해지길 바라는 소망을 담았다. 내 입으로 음식이 들어올 때보다도 더 만족스러운 포만감을 느끼며 생각했다. '사랑이 밥 먹여 준다'

디렉터 **김은진**

잘 먹겠습니다

いただきます

글·사진 썰라마 @miyaashi_ / 에디터 박조음

일본 아이치현에 살고있는 이 가족의 식탁에는 계절의 향기 한 스푼, 엄마의 마음이 한 웅큼, 그리고 시바의 간절한 눈빛이 한 가득 담겨있다.

곤니찌와. 안녕하세요. 안녕하세요. 시바견 유자, 고양이 핫사쿠와 살고 있는 샐리라고 합니다.

풍성한 요리가 차려진 식탁 앞에는 늘 유자가 있네요. 유자는 어떤 강아지인가요? 유자는 여덟 살 강아지고요. 먹보입니다 (웃음). 성격은 얌전하고 머리는 똑똑해요. 차 타고 외출하는 걸 아주 좋아해요. 아, 그리고 질투가 많은 편이에요.

한국에는 "강아지에게 음식 이름을 붙여주면 오래 산다"라는 말이 있어요. 혹시 유자의 이름도…? 그건 아니에요(웃음). 우리 집에 유자가 처음 오던 날, 집에 우연히 커다란 유자가 있었어요. 그걸 보고 아이디어가 번뜩여서 이름을 유자로 정했답니다. 동생인 핫사쿠도 유자와 맞춰서 과일 이름을 붙여줬죠. 핫사쿠는 일본에 있는 감귤계의 과일 이름이에요. 한국에도 핫사쿠가 있는지 모르겠네요.

こんにちは。アンニョンハセヨ。 こんにちは。柴犬のゆず、猫の八朔と一生に毎日賑やかに暮らしているサリーと申します。

豊かなお料理が用意されたテーブルの前にはいつもゆずがいますね。ゆずはどんなこいぬですか。 ゆずは8歳のすごく食いしん坊な犬です。(笑) 性格はおとなしくて賢いです。車が大好きでお出かけ大好きです。そして、嫉妬深いです。

韓国には「犬に食べ物の名前を付けてあげると長生きする」という話があります。もしかしてゆずのお名前も…? それは違いますね。(笑) 我が家に来てくれた日にたまたま 大きな柚子が飾ってあったんです。その大きなゆずを見てひらめいて名前をゆずと名前を付けました。弟の八朔もゆずと合わせて果物の名前をつけました。八朔は日本にあるみかん界の果物の名前です。韓国にも八朔があるのかよく分からないですね。

집밥 일기를 쓰고 계시잖아요. 계기가 궁금해요. 요리는 아주 오래전부터 좋아했어요. 하지만 처음부터 일기를 쓰지는 않았죠. 예전에는 가족들의 도시락을 쌀 때마다 혼자서 사진을 찍어보곤 했어요. 제 딸이 도시락 사진들을 발견하고는 인스타그램에 올려보라고 말해줬어요. 그래서 사진과 짧은 글을 업로드하기 시작했고, 그 후로 계속해서 올리게 되었네요.

샐리의 풍성한 집밥 사진을 보면 마음이 훈훈해져요. 저에게 집밥은 '엄마의 마음'이에요. 딸의 건강과 취향을 고려해서 만든 다정한 음식이 집밥이죠. 그렇군요. 저는 집밥이란 '약 상자'라고 생각해요. 저희 남편은 기저질환을 가지고 있어요. 그래서 영양이 균형 잡힌 식단을 만들기 위해 노력하고 가급적이면 제철 식재료와 발효식품을 많이 사용하려고 해요. 제철 식재료 중에서도 채소와 지역에서 난 농산물을 소비하고 있고, 한국 발효식품인 김치는 항상 냉장고에 구비하고 있습니다. 또 아이들의 컨디션이 안 좋아 보이는 날에는 따뜻한 찌개를 요리해서 몸을 따뜻하게 해줘요.

おうちごはん日記を書いていらっしゃるんですが、日記を書くようになりましたきっかけは何ですか。 おお料理はずっと前から好きです。しかしはじめから、日記を書いてなかったですね。前は家族のお弁当を 作るたびに一人で写真を撮ってみたりしていました。ある日、娘が私が撮ったお弁当の写真を見て、インスタグラムを進めてくれました。それから写真と短い文を投稿し始めてその後、続けて投稿するようになりました。

サリーの豊かなおうちごはんの写真を見ると心が温まります。私にとって「おうちご飯」は「母の心」です。 娘の健康と好みを考えた優しい食べ物がおうちごはんだと思います。 そうですね。私にとっておうちごはんは「薬箱」だと思っています。主人が基礎疾患持っているのでなるべく栄養バランスの良いごはん作ることにを心がけしています。旬の食材(野菜)と発酵食品をたくさん使おうとしています。韓国発酵食品のキムチは常に冷蔵庫に常備していますし、旬の食材の地産地消を意識しています。また、子どもの顔色みて体調崩しそうな日は温かい鍋にして体を温めたりしています。

유자에게도 건강을 생각한 요리를 해주고 있어요. 아침은 강아지 사료를 주지만, 저녁에는 가족들이 먹는 밥에, 채소, 닭 가슴살, 두부 등을 넣은 음식을 줘요. 유자가 제일 좋아하는 음식은 계란말이예요. 강아지가 먹는 거니까 설탕을 적게 넣고 만들어줘요.

ゆずにも健康を考えたお料理を作ってあげます。 朝はドックフードですが夜ごはんは私が作っています。少量ごはんにお野菜、ささみ、お豆腐などいれて食べさせてます。ゆずが一番大好きな食べ物は卵焼きです。ゆずが食べるものですので、砂糖と油を控えめにしています。

유자가 부럽네요(웃음). 유자는 언제부터 식탁 앞에 와서 앉았나요? 유자가 한 살쯤 되었을 때였어요. 어느 날, 인스타그램에 올릴 음식 사진을 찍고 있는데 유자가 식탁 앞에 와서 군침을 뚝뚝 흘리는 거예요. 먹보 같은 모습이 정말 귀여웠죠. 그때부터 음식과 함께 유자를 사진에 담았답니다. 유자는 테이블 위에 달려들지도 않고 음식을 훔쳐먹지도 않아요. 머리가 똑똑해서 사람 음식을 먹으면 혼난다는 걸 알고 있거든요. 물론 제가 자리를 비운다면 냉큼 먹겠지만요(웃음). 요즘은 유자가 사진 찍는 걸 싫어할 때가 있어요. 그런 날엔 카메라를 꺼내자마자 재빠르게 도망칩니다. 그래서 요즘은 유자의 기분이 좋은 날에만 사진을 찍어요.

왠지 요리를 준비하고, 장을 볼 때에도 유자는 군침을 흘리고 있을 것 같아요. 제가 요리할 때 유자는 주로 자요(웃음). 장 보러 갈 때도 데려가지 않는 편이에요. 식자재를 파니까 반려견 동반이 안 되는 곳도 있거든요. 대신 도우키이치(陶器市)에는 종종 데리고 가요. 도우키이치는 일본의 도자기를 만드는 지역

ゆずがうらやましいですね。ゆずはいつがら、テーブルの前に来て座っていましたか。 多分ゆずが一歳の頃かと思います。はじめは食べ物の写真のみ投稿しました。ところである日、インスタグラムに載せるために食べ物の写真を取っていた時、写真撮っていたら寄ってきてくんくんするようになりました。食いしん坊ような姿が可愛すぎて、それから食べ物とセットでゆずも撮るようになりました。私がいればゆずはテーブルの上に飛びついたり食べ物を食べたりしません。賢いので食べたらダメなことを理解しています。もちろん、私が部屋の外にでたら食べるでしょうね。(笑) ゆずもおばあわんこになってきたので写真撮られるのが嫌な時があります。そんな時は写真撮りません。ゆずの気分の良い日だけ今は写真撮ってます。

なぜかお料理の準備や買い物をする時にもゆずがくんくんしそうですね。 私が料理している時はゆずは主に寝ています。(笑) 買い物もゆずは留守番です。食材を販売している所でペット禁止の場合があります。代わりに陶器市にはゆずも連れて行きます。

에서 열리는, 도자기 직판 행사인데요. 도자기를 만드는 사람들이 야외에 시장을 열고 식기를 판매해요. 그때는 유자도 데리고 가서 구경시켜 줘요. 반려견 동반이 가능하거든요.

선선한 바람이 부는 가을날, 한국의 독자들에게 추천할 만한 메뉴가 있을까요? 제 집밥 일기에는 주먹밥이 자주 나오는데요. 솥으로 밥을 지어 만든 소금 주먹밥이에요. 그 주먹밥과 함께 일본의 오래된 요리인 미소 된장국을 추천해요. 따뜻하고 든든한 가을 한끼 식사가 될 거에요. 저는 한국을 좋아해요. 코로나 이전에는 매년 놀러 갔답니다. 코로나가 안정되면 다음에 또 놀러 갈게요. 바이바이!

陶器市とは陶器の生産地で行われる陶器の販売イベントです。外でマルシェ開かれて器を販売します。 その時は ペット同伴が可能ですのでゆずも連れて行きます。

涼しい風が吹く秋の日、韓国の読者にオススメしたいメニューはありますか。 私のおうちごはん日記にはおむすびがよく出てきてます。土鍋ごはんでの塩おむすびです。そのおむすびとオススメのメニューは日本の古くからの料理のお味噌汁です。 暖かくて食べ応えのある秋の食事になるでしょう。私は韓国が好きです。コロナウイルスの以前には毎年遊びに行きました。コロナウイルスが落ち着いたら、また遊びに行きます。バイバイ!

젠틀한 미식가

The Perky And Gentle Dining Mate

글·사진 Ivy Diep @popeyethefoodie / 에디터 박조은

캘리포니아(California)는 뜨거운 햇빛과 빛나는 바다, 그리고 긍정적인 마음을 가진 도시. 이곳엔 시금치를 먹으면 힘이 솟는 뽀빠이 대신, 수많은 레스토랑을 여행하고 있는 뽀빠이가 있다.

안녕하세요. 한국의 독자분들에게 인사 부탁드려요.
안녕하세요. 저에게 가장 소중한 존재인 뽀빠이를 **mellow**에 소개할 수 있어서 기쁘네요. 뽀빠이의 이야기를 즐겁게 읽어 주시기를 바라요.

음식 앞에서 항상 해맑은 표정이에요(웃음). 뽀빠이를 만나게 된 특별한 사연이 있다고 들었어요.
뽀빠이를 처음 만난 건 8년 전이었어요. 일하러 가기 위해서 집을 나섰다가 우연히 길 건너에서 나무 냄새를 맡고 있는 복슬복슬한 강아지를 발견했어요. 주인이 있을까 해서 주변을 살펴봤지만 아무도 없었어요. 혹시 도망가지는 않을까 걱정하며 조심스럽게 다가갔죠. 다행히도 강아지는 도망가지 않았어요. 주인을 찾아주려고 일단 집으로 데려왔는데, 안타깝게도 인식표를 차고 있지 않더라고요. 이렇게 뽀빠이와 처음 만났어요.

하지만 당시 이미 다른 강아지들을 반려하고 있었기 때문에 뽀빠이까지 데리고 있기 어려운 상황이었어요. 결국 언니의 남자친구가 제가 퇴근할 때까지 뽀빠이를 지극정성으로 돌봐 줬어요. 미용실에 데려가서 샤워도 시키고, 좋은 주인을 찾아주려고 최대한 노력했어요. 하지만 결국 가족들 모두 뽀빠이와 사랑에 빠져버렸고 우리는 그렇게 가족이 되었답니다.

반려견 친화적인 공간을 찾아다니는 여행을 시작한 계기가 있었나요?
캘리포니아는 반려 동물에게 매우 친근한 곳이에요. 일년 내내 날씨가 온화하기 때문에 야외 좌석이 있는 식당이 많아요. 야외 좌석이 있는 식당은 대부분 반려견과 함께 갈 수 있답니다. 하지만 위생상의 이유로 반려견 출입을 금지하는 식당도 꽤 있기 때문에 잘 알아보고 가야해요. 아직 가보지 못한 식당이 많이 남아 있답니다.

식당을 다니면서 정말 많은 일이 생길 것 같아요.

사진 속의 뽀빠이는 정말 얌전해 보여요. 하지만 모든 강아지가 그렇듯 항상 얌전하지만은 않아요. 종종 낯선 이를 만나면 짖기도 하죠. 한 번은 식당에서 밥을 먹고 있는데 낯선 강아지를 보고 갑자기 뛰어갔어요. 막상 달려간 다음 뭘 해야 할지 몰라서 서서 그저 짖기만 했어요. 싸움이 벌어진 건 아니지만, 그 강아지의 주인은 많이 당황했어요. 그때부터 저는 뽀빠이가 말썽을 부리지 않도록 목줄을 잘 착용하고 잘 잡고 있는지 꼭 확인해요.

유기견에서 멍플루언서로, 새로운 삶을 살게 된 뽀빠이를 많은 분들이 좋아해주시고 있어요. 인기가 많아지면서 이전과 달라진 점이 있을까요?

흠, 사실 크게 느껴지는 변화는 없어요. 그래도 한 가지 골라보자면… 브랜드와 협업할 기회가 생겼다는 것? 뽀빠이와 함께 방문해달라고 요청하는 호텔도 있었어요. 이런 기회는 항상 즐거운 기억으로 남아요. 다양한 강아지 옷 브랜드에서도 옷을 보내

줬어요. 제가 옷 입혀주는 걸 좋아하기도 하고, 뽀빠이가 옷을 잘 입는 편이거든요. 옷을 많이 사주는 편인데 그래서 뽀빠이는 자기 아빠보다 옷이 많답니다(웃음). 많은 한국 브랜드에서도 옷을 보내줬어요. 정말 귀여워요. 고맙습니다.

앞으로도 뽀빠이와 맛있는 음식을 찾아 나서는 popeye travel 는 계속될까요?

앞으로도 매주 주말마다 뽀빠이와 함께 새로운 식당을 방문할 예정이에요. 다양한 장소도 가보고요. 우리가족은 미국의 다양한 도시를 여행했는데 다음에는 일본이나 한국 같은 다양한 나라를 여행하는 것도 좋을 것 같아요. 뽀빠이는 사람들이 자기를 예뻐하는 걸 알아서 이곳저곳 여행 다니는 걸 좋아하거든요. 아, 이번 가을에는 새로운 여행지로 떠나볼까 해요. 구체적인 계획을 세운 건 아니지만, 아마도 이번엔 하와이로 떠날 것 같습니다.

굿모닝 베이커리

今日もオープン!
おはようベーカリ

글·사진 구와하라 나츠코 @kwhr725 / 에디터 박재림

큰 하품과 함께 기지개를 쫙 켭니다. 커튼을 걷자 햇살이 쏟아져 내려요. 느긋하게 준비하는 아침식사. 향긋한 차와 갓 구운 빵을 테이블에 차립니다. 뭔가 허전하다 싶은 순간, 녀석이 고개를 쏙 내밀어요. 빵과 강아지 그리고 변함없는 아침. 오늘도 '보통날'입니다.

먹음직한 빵만큼이나 테이블 아래 강아지가 시선을 사로잡아요.
오하요우 고자이마스! 저는 요리연구가 구와하라 나츠코(桑原奈津子), 이 친구는 반려견 키플(키플)입니다. 우린 2006년부터 함께하고 있어요. 매일 아침, 식탁에서 첫 인사를 하죠. 따끈한 빵과 차를 올려놓으면 키플은 항상 같은 자리서 바라봅니다. 마치 "빵 어서 줘"라고 말하는 것처럼. 두 발로 서도 접시까지는 아슬아슬하게 닿지 않아서 마음대로 먹을 순 없어요. 가끔혀 끝으로 핥는 경우는 있지만(웃음). 그래도 테이블 아래가 좋은지 언젠가부터 잠자리로 삼더라고요. 아예 매트도 깔아줬어요.

인연이 정말 오래 됐네요!
어릴 때부터 동물을 좋아했답니다. 어머니를 닮은 듯 해요. 8살부터 12살까지 벨기에에서 지낸 것도 영향을 끼친 것 같아요. 일본보다 개를 키우는 사람이 많았거든요. 일본과 달리 강아지를 집 안에서 키우고 카페, 레스토랑도 데려가는 걸 보면서 더 친근하게 느낀 것 같아요. 개를 집 지키는 방범견이 아닌 가족 구성원으로 받아들이는 이웃들을 동경하게 됐죠.
어른이 되고 단독주택으로 이사하면서 기회가 왔어요. 펫숍에서 데려오고 싶지 않아서 유기동물 입양 사이트를 매일 확인하다 생후 3개월 강아지를 만났어요. 저도, 남편도 한눈에 반했죠. 이름은 그래픽 디자이너 겸 뮤지션 타치바나 하지메의 앨범 <테키군과 키플짱(Mr. Techie & Miss Kipple)>에서 따왔어요. 키플의 매력은 자신만의 속도로 살아간다는 점. 고집이 세고, 스스로 생각해요. 다른 개와 비교하면 감정 표현이 상당히 적지만 표정은 풍부해요.

요리책을 여러 권 출간하셨어요. 그 중엔 키플이 등장하는 책도 있죠.

어머니를 닮아 동물을 좋아했다고 했죠? 당신께서 요리도 잘 하신 덕에 맛있는 음식을 먹으면서 자랐어요. 또 벨기에의 바게트, 초콜릿, 와플 등 일본의 것과는 다른 먹거리를 즐기면서 남다른 관심을 갖게 된 것 같습니다. 카페에서 일하며 빵과 과자를 만들다 제분회사의 개발연구원, 가공전분회사 연구원으로 일한 뒤 독립해서 요리연구가가 됐죠.

그러다 2011년 3월 동일본 대지진이 발생했어요. 많은 국민들

이 불안해하고 슬퍼하는 상황에서 내가 할 수 있는 게 무엇일까 생각했습니다. 직접 만든 빵과 그걸 바라보는 강아지의 모습에서 묘한 안정감이 느껴졌어요. 매일 사진을 찍어 트위터에 올렸고, 반응은 기대 이상이었죠. 출판사의 연락을 받고 사진과 레시피를 모아 2012년과 2013년 책으로 낸 것이 <빵과 강아지(원제 パンといっぴき)> 1~2편입니다.

1편의 서문 - 빵과 강아지 그리고 변함없는 아침 - 이 전하는 울림이 있어요. 대지진으로 인해, 당연하게 여긴 일상이 당연하지

않은 상황에서, 매일 아침 강아지가 새로운 하루를 여는 평화로 운 풍경이 '보통날'을 기원하는 일본인들에게 위로가 된 것 같습 니다.

여러 매거진에서 취재를 오셨고, 키플과 산책 중에도 만난 많은 분들이 말을 걸어 주셨어요. <빵과 강아지> 책, 매거진 인터뷰, 여러 행인들과의 이야기가 더 의미 있었던 것은 '유기견의 존재 를 널리 알리는 기회가 되었기 때문이에요.

이전까지 보호견(유기견)에 관해서 몰랐지만 책과 매거진을 읽 으면서 새롭게 알게 되었다는 사람들이 많았어요. 그 중엔 유기

견을 입양했다는 분들도 계셔서 그 사실이 가장 기뻤습니다. 유 기견, 믹스견의 매력이 알려져서 더 많은 사람들이 펫숍 아닌 보호단체에서 입양하면 개가 살처분(안락사) 되는 슬픈 일도 줄 어들 거예요.

<빵과 강아지> 1편은 2014년 한국에서 번역 출간(펴낸곳 디자 인이음 옮긴이 박문희)될 정도로 인기였어요. 혹시 키플이 연예 인병 아니 연예견병에 걸린 건…?

앞서 말한 것처럼 키플은 언제나 자신만의 속도로 살아가는, '마

이페이스' 강아지. 산책 중 자신을 알아보고 말을 건다고 해도 애교를 떨지는 않습니다(웃음).

키플 말고도 반려 고양이가 둘 있네요.
13살 올블랙 쿠로(クロ)와 9살 턱시도 코테츠(小鉄)입니다. 쿠로는 언젠가 저희 집 마당으로 찾아와서 겨울이 오기 전 집으로 들인 아이예요. <빵과 강아지>에도 가끔씩 등장했답니다. 길고 양이 시절의 경계심을 품고 있지만 저에게만은 응석받이예요. 코테츠는 키플을 처음 만난 유기동물 입양 사이트에서 입양했습니다. 생후 1개월 반부터 키플과 쿠로, 양쪽을 보고 자랐기 때문에 강아지와 고양이의 특징을 모두 지닌 재밌는 친구죠.
키플, 쿠로, 코테츠의 사진을 SNS에 자주 올리다 보니 저를 요리연구가 아닌 반려인으로 아는 분이 많을 수도 있어요(웃음). 먹는 것, 동물, 사진찍기를 좋아하는 사람이라 그 모든 것을 한꺼번에 할 수 있어서 행복합니다. 반려동물이 없을 땐 뭔가 부

족하고 쓸쓸한 마음도 있었어요. 세 친구가 집안을 자유롭게 돌아다니는 지금이 너무 만족스러워요.

동물친구들 덕분에 직업 만족도 역시 높아진 것 같아요.
요리연구가로서 친숙한 재료로 누구나 쉽게 만들 수 있는 간단한 레시피를 만드는 것에 신경을 쓰죠. 그게 특기이기도 하구요! 특히 베이커리에 관해서는 모처럼 수고와 시간을 들여 직접 만들어주는 것이기 때문에 맛있는 레시피를 제공하고 싶어요. 같은 재료를 사용해도 배합으로 다른 맛, 다른 식감이 가능합니다. 최근에는 밀가루나 유제품, 계란을 사용하지 않는 알레르기 대응 레시피 연구도 하고 있어요.
동물 친구들을 위한 레시피도 있냐구요? 그럼요! 빵에 관심이 많은 키플을 위해서 간식을 만들곤 해요. 달지 않은 머핀과 쿠키, 짠 맛이 없는 퀵브레드 같은 걸로요. 그런데 키플은 쉽게 싫증을 내는 타입이라… 아주 가끔씩만 만든답니다(웃음).

Today's Mukbang Is?

글·사진 예슬 @labrador_hosoo / 에디터 박조은

"안녕하세요, 호수와 솔이예요. 오늘의 먹방은?" 영상 속 두 사람의
보통의 먹방. 테이블 앞에 앉아 차려진 음식을 맛있게 먹기 시작한
다. 그런데 잠깐, 먹방에 나오는 한 사람이 수상하다.

#호수의_뚝배기 #옥수수하모니카 #수박깨기

아이와 대형견이 함께 있는 모습은 언제 봐도 사랑스럽네요.
어린이와 개린이는 사랑이죠. 안녕하세요. 올해로 10살 래브라
도 리트리버 호수, 6살 여자아이 솔이, 두 딸의 엄마입니다.

호수와 솔이의 첫 만남이 궁금해요.
처음 만났을 때를 떠올려보자면… 저는 아기를 낳고 3일 만에
신생아 솔이를 데리고 집으로 왔어요. 원래는 2주 동안 조리원
에 있어야 했지만 집에 있는 호수가 보고 싶었거든요. 처음 솔
이가 집에 온 날, 호수는 솔이를 무척 궁금해하며 냄새를 열심
히 맡았어요. 얼굴부터 손과 발, 그리고 옷까지 차분히 냄새를
맡으며 서로에게 적응할 시간을 가졌답니다. 다행히 호수가 빠
르게 적응하더라고요. 그 다음부터 호수는 항상 솔이의 옆을 지
켰어요. 고소한 분유 향기에 이끌렸던 것 같기도 해요(웃음). 아
이들이 사이좋게 지냈으면 좋겠다는 마음이 컸어요. 하지만 큰
걱정은 하지 않았어요. 호수가 워낙 사람을 좋아하고 잘 따르는
강아지기 때문에 잘 지낼 거라는 믿음이 있었나 봐요.

**한 테이블에서 같은 음식을 먹는 모습이 정말 예뻐요. 특별한
육아법이라고도 볼 수 있겠어요.**
어렸을 때부터 과자 하나를 먹더라도 항상 나눠 먹도록 습관을
들였어요. 솔이가 손가락 힘이 없는 시절에도 제 손으로 솔이
손을 잡은 채 호수에게 간식을 줬죠. 호수가 솔이를 맛있는 걸
주는 사람, 함께 있으면 좋은 일이 생기는 사람으로 인식하길
바랐어요. 음식을 통해 친해져서일까요? 지금까지도 아주 사이
좋게 지내고 있답니다.
매일 사료만 먹는 호수에게도 먹는 재미를 알려주고 싶어요. 그
래서 강아지와 함께 먹을 수 있는 음식들을 대량 구매해서 함께
먹고 있어요. 솔이와 호수가 함께 먹는 음식 중에 낫토가 있어
요. 검증된 이야기는 아니지만 일본의 장수하는 강아지들이 낫
토를 먹었다고 하더라고요. 그래서 호수에게 종종 먹였는데, 마
침 솔이도 낫토를 잘 먹어서 나눠 먹게 되었죠.

먹방 콘셉트가 특별해요. 호수가 정말 사람 같아요(웃음).
우연히 지인의 SNS에 올라온 먹방 영상을 봤어요. 강아지에게
옷을 입혀서 사람처럼 음식을 먹는 영상이었는데 정말 재밌더
라고요. '나도 한 번 해볼까?' 하는 생각이 들어 호수와 솔이가
테이블에서 함께 음식을 먹는 먹방 영상을 찍었어요. 호수에게
사람 옷을 입히고 제가 뒤에 숨어서 손을 뻗어 음식을 먹여줬어
요. 디테일을 살리기 위해서 까만 색깔 장갑도 꼈죠. 그랬더니
호수가 정말 사람처럼 보이더라고요(웃음). 이후로도 종종 즐기
는 놀이가 되었어요. 돌발 상황도 있었어요. 촬영 준비를 하며
옥수수를 맛있게 쪄서 테이블에 올려 뒀어요. 그런데 모든 준비
를 마치고 마지막으로 옷을 입히는 순간, 호수가 옥수수를 한입
에 다 먹어버렸어요. 어쩔 수 없이 마트에 다시 갔다 와야 했죠.

**솔이가 호수에게 음식을 빼앗기고 발을 동동 구르며 서럽게 우
는 모습도 봤어요.**
솔이가 아주 어렸을 때 촉감놀이를 해주려고 국수를 삶아 테이
블 위에 올려두고 영상을 찍은 적이 있어요. 솔이는 차근차근
탐색해 보고 만져보고 하나씩 입에 넣고 있었는데, 호수가 청소
기처럼 순식간에 전부 흡입해버렸죠. 한 가닥의 면발만 남은 식
판을 보던 솔이의 벙찐 표정이 떠오르네요. 호수는 음식을 먹는
속도가 빨라요. 대형견이기도 하고 먹고자 하는 의지가 강하거
든요. 그러다 보니 같은 음식을 나눠줘도 항상 호수가 먼저 먹
고나서 솔이 것을 탐내더라고요.

한 집에서 살면서 함께 음식을 먹는다는 건, 식구(食口)가 된다는 뜻이잖아요. 아이들도 어느 순간부터는 진짜 자매가 된 것 같아요.

솔이가 어느 정도 크고 나서부터는 요령이 생겼는지 웬만해서는 간식을 뺏기지 않아요. 오히려 호수에게 간식을 챙겨주죠. 호수도 이제는 음식 앞에서 얌전히 잘 기다려요. 마음만 먹으면 뺏어 먹을 수 있는 호수지만, 기다리면 솔이가 간식을 나눠준다는 사실을 알게 된 거죠.

솔이는 외동이라서 만약 호수가 없었다면 모든 걸 혼자 가졌을 거예요. 하지만 호수 덕분에 뭐든지 함께 나누는 경험을 해왔죠. 6살이 된 지금, 친구들과 음식을 잘 나눠 먹고 장난감도 함께 가지고 노는 좋은 습관을 가지게 되었어요.

함께 밥을 먹던 테이블은 모두의 마음에 어떤 기억으로 남았을까요?

예전에 호수는 아마 테이블 위가 많이 궁금했을 거예요. 먹방을 찍고 나서는 궁금증이 해소가 되었겠죠. '이 맛있는 걸 항상 나는 조금만 줬단 말이야?'라고 생각했을 수도 있을 것 같아요. 이제 테이블은 즐거운 일들이 벌어지는 기분 좋은 공간일 거예요. 제일 좋아하는 솔이와 엄마, 그리고 맛있는 음식까지 함께 할 수 있으니까요.

솔이에게 테이블은 가족과 음식을 나눠 먹는 즐겁고 여유로운 공간이에요. 솔이가 항상 말해요. "엄마, 이거 호수 줘도 돼요? 호수랑 나눠 먹을래요!"라고요. 이렇게 사이좋은 아이들의 먹는 모습만 봐도 배가 부르답니다.

글·사진 김헌수, 김민희 @7_akita_family / 에디터 박재림

Sunshine State & Seven Tastes

화창하고 맑은 날씨 덕에 'The Sunshine State'라 불리는 미국 플로리다 주(州). 특히 올랜도 키시미 지역은 유명 테마파크, 잔디공원, 바다와 해변이 마치 코스요리처럼 유혹한다. 이곳에서 수년째 거주 중인 아키타 7둥이 가족의 입맛도 가지각색. 그들의 개성 넘치는 선샤인 스테이트 '풀코스'를 소개한다.

코스 1. Hors-d'oeuvre 오르되브르

아키타 7둥이와 살아가는 김헌수-김민희 부부입니다. 아이들과 외출하면 언제나 주목을 받아요. 유튜브 채널 <7둥이네 | Akita Family> 영상 덕에 알아보시는 분도 많죠. 저희 부부는 2015년 플로리다 올랜도로 유학을 왔어요. 2년 뒤 졸업을 앞두고 미국에 남을지, 한국으로 돌아갈지 미래를 고민하던 중 첫 반려견 '호두'를 입양하게 됐어요.

2017년 2월 경남 진주에서 태어난 호두는 그해 초여름 무려 10시간의 비행과 8시간의 차량 이동 끝에 저희 집에 도착했어요. 처음 호두와 눈을 마주쳤을 때 눈물이 왈칵 쏟아지더라구요. 미리 준비한 여러가지 이름 중 하나를, "호두야~"하고 부르자 똘망똘망한 눈망울로 다가온 아이였어요.

저희는 호두를 위해서라도 미국에 남기로 결정했어요. 반려견 문화와 시스템, 사람들의 인식, 주위환경이 더 적합하다고 판단했죠. 특히 이곳은 공원과 반려견 관련 시설이 매우 많아요. 반려동물 백화점도 여러 곳 있어서 사료, 간식, 장난감 등 다양한 반려용품을 구하기에 용이해요. 그루밍서비스도 쉽게 받을 수 있고요.

코스 2. Appetizer 에피타이저

호두와 더불어 정착을 하고 약 1년 뒤 수컷 아키타를 입양했어요. 부산에서 태어난 아이로, 마찬가지 긴 여정 끝에 미국에 왔죠. 마중 나온 새침한 호두에게 먼저 다가가서 인사를 해주더라구요. 동글동글한 성격, 큼직한 얼굴과 어울리는 이름을 찾다가 '밤'이라고 부르게 됐어요. 원활한 합사를 위해 초반에는 호두와 밤이가 약간 거리를 두고 지냈어요. 그러던 어느 날, 펜스 사이로 서로 등을 맞대고 잠든 둘의 모습이 어찌나 예쁘던지….

2019년 12월 10일, 호두와 밤이의 새끼들이 태어났어요. 각자 털 색과 느낌이 가장 어울리는 색깔의 띠를 목에 둘러주었는데 그걸 바탕으로 이름을 지었어요. 귀여운 아기곰처럼 사회성이 좋은 '초롱이', 목청이 좋고 독립성 강한 '오렌지', 장모(長毛)견으로 태어난 '핑크'와 '보라', 애교쟁이 '그레이'입니다.

사실 호두는 7마리 새끼를 낳았어요. 하지만 '까망이'와 '흰둥이'는 태어나자마자 하늘나라로 가고 말았어요. 너무 마음 아팠죠. 두 아이의 몫까지 사랑과 애정을 주려 합니다. 7둥이와 외출할 때마다 사람들이 애정 어린 관심을 보여요. 반려견 인식이 좋은 미국에 정착하길 잘한 것 같아요.

코스 3. Table Manner 테이블 매너

7둥이는 식사시간마다 개인방 혹은 케이지 안에서 밥을 먹어요. 보편적인 경우 개는 먹을 때 예민해지고 분리된 공간에서 밥을 먹고 싶어하는 경향이 있거든요. 특히 다견가정은 각자 따로 급여하는 게 바람직하다고 생각합니다. 한데 모여 밥을 먹이면 서로를 경계할 가능성이 높아지기 때문에 항상 조심하고 있어요.

식습관은 그야말로 '7견7색'입니다. 자기관리가 확실한 호두는 아무리 맛있는 음식이라도 꼭 정량만큼 먹어요(물론 고기는 예외입니다, 하하). 좋아하는 간식은 아껴 먹으려고 쿠션 안에 숨겨두곤 하죠. 밤이는 부드러운 음식을 좋아해요. 딱딱한 음식을 주면 녹여서 먹어요, 마치 사탕처럼요. 소화력이 뛰어난 밤이는 지금껏 배탈이 난 석이 한 번도 없어요. 배가 고프면 부엌 중앙에 서서 우릴 쳐다봐요.

초롱이는 "밥 먹자"는 소리에 가장 먼저 반응하는 아이예요. 밥시간이 되면 제일 먼저 케이지로 달려가 기다리죠. 한 톨 남기지 않고 깨끗이 먹어서 항상 밥그릇이 막 설거지한 것처럼 빛나요(웃음). 호기심이 왕성한 오렌지는 새로운 음식에 관심이 많습니다. 밥을 다 먹으면 케이지에서 꺼내 달라고 표현하는 유일한 강아지예요.

가리는 것 없이 다 잘 먹는 핑크는 식사 후에는 곧장 잠에 빠집니다. 사람처럼 식곤증이 있나 봐요. 물을 마실 때 코를 찡긋거리는 귀여운 습관이 있답니다. 보라는 7둥이 중 과일(바나나, 사과, 수박)과 채소(토마토, 오이, 브로콜리, 고구마)를 가장 좋아해요. 다른 아이들이 먹다가 뱉은 과일도 싹쓸이하죠. 과일을 너무 먹어서 배탈이 난 적도 있어서 주의하고 있습니다.

우리집 식탐대마왕 그레이! 간식통을 꺼내면 가장 먼저 달려온답니다. 야외에서 산책을 하다 가도 간식봉지 소리가 들리면 그 자리에 앉아서 간식만 쳐다보죠. '기승전 간식'인 아이인데 많이 먹는 만큼 활동량도 가장 많아서 소화를 잘 시키는 것 같아요.

코스 4. Salad 샐러드

7둥이에게 신선하고 다양한 채소를 먹이기 위해서 직접 애호박, 브로콜리, 토마토를 키운 적이 있어요. 집 안에서 씨앗을 심고 실내에서 사흘 간 키우니 귀여운 싹이 자라더라고요. 그 뒤 집 밖 베란다에 뒀는데 싹들이 다 사라진 거예요. 저희 동네는 라쿤, 청설모, 두더지 같은 포유류가 자주 보이는데 아마 그 녀석들이 파먹은 게 아닐까 싶어요. 얼마나 속상하던지….

방울토마토 모종을 심은 적도 있어요. 몇 주 동안 키워서 잘 익은 토마토를 볶아 7둥이와 나눠 먹었죠. 따스한 추억입니다. 저희 가족은 곧 큰 마당이 있는 단독주택으로 이사를 갑니다. 그곳 마당에서 브로콜리 등 채소를 다시 심어서 7둥이와 나눠 먹을 거예요.

코스 5. Main Dish 메인디시

일곱 강아지 모두의 입맛이 일치하는 메뉴는 단연 고기입니다! 소고기와 닭고기, 그거 만한 게 없어요(웃음). 특히 밤이는 냉장고에서 고기를 꺼내기만 해도 부엌으로 달려와 눈빛을 발사하죠. 미국의 추석이라 할 수 있는 추수감사절에는 커다란 칠면조 통구이를 오손도손 나눠 먹기도 했어요.

미국에서 지내다 보면 한식이 그리울 때 많습니다. 여기선 피자나 치킨, 핫도그, 햄버거 등 패스트푸드가 주식일 거라고 생각하실 수 있는데 저희는 한식을 자주 먹는답니다. 한국 마트에서 재료를 사서 찜닭, 갈비찜, 육회, 돼지보쌈수육 등을 요리하고, 간을 하지 않은 강아지용 찜닭과 갈비찜과 육회도 만들죠.

고기를 넣은 미역국도 자주 먹어요. 미국은 생일에 미역국을 먹는 문화가 없지만 저희 가족은 생일마다 꼭 소고기 미역국, 황태미역국, 북어미역국을 나눠 먹곤 합니다. 치킨과 소고기, 연어, 고구마, 달걀노른자 등을 넣은 생일케이크도 특식이죠.

몇 년 전, 아홉 가족 모두가 다같이 둘러 앉아 소고기 파티를 한 적이 있어요. 그때가 처음이자 마지막으로 모두가 한 자리에서 맛있는 걸 먹은 날이었죠. 당시 호두와 밤이를 빼고는 다 아기여서 가능했던 파티였어요. 앞서 말한 것처럼 성견은 같이 밥을 먹으면 많이 예민해지거든요. 아이들이 더 크기 전에 다 같이 밥 한끼를 하려고 준비한, 일종의 버킷리스트였죠.

모두가 매일 둘러앉아 맛있는 음식을 같이 공유하며 먹고 싶지만, 7둥이 입장에서는 불편할 수 있기 때문에 앞으로도 식사는 각자 케이지 안에서 하도록 할 거예요. 그래도 언젠가 한 번쯤은 다 같이 모여서 밥 먹는 자리를 마련하고 싶어요. 곧 이사를 할 새로운 보금자리에서 말이죠.

코스 6. Dessert 디저트

미국의 유명 커피 전문점에는 강아지를 위한 카푸치노, '퍼푸치노'가 있어요. 사람이 커피를 주문하면 반려견을 위한 퍼푸치노는 무료 제공되죠. 우리 7둥이 모두 퍼푸치노를 좋아해서 외출하면 꼭 그 커피 전문점을 찾아요. 강아지용 아이스크림, 락토프리 우유 쿠키, 염분 없는 북어포 등도 좋아하는 간식입니다. 마당에서 다 같이 먹는 수박도 빼놓을 수 없죠.

직접 만들어주는 디저트도 있어요. 소고기와 닭고기를 건조해서 만든 육포를 급여하고, 종종 별미로 캐롭파우더 우유를 먹이죠. 7둥이의 식성이 비교적 비슷해서 간식을 만들 때 편하답니다.

코스 7. Mignardises 미냐르디즈

한국은 곧 추석이죠? 저희도 미국에서 단호박 송편과 다양한 전을 만들어 먹으면서 한국과 고향을 떠올리려고 해요. 10월 핼러윈데이는 호박을 깎아서 '아키타 호박 귀신'을 만든 뒤 쪄서 같이 먹을 거구요. 몇 년 전 빼빼로데이를 맞이해서 만들었던 염소우유 캐롭파우더 빼빼로도 올해 다시 맛 봐야죠. 이처럼 우리 7둥이와 보내는 365일은, 매일매일 입과 눈이 즐겁답니다(웃음).

WELCOME

TEO,
LET'S HAVE
A MEAL

....

THE
KING'S
TABLE

2022 AUTUMN

PHOTOGRAPH & RECIPE

JI HYUN HEE *@ironbeagleteo*

EDITOR

JOEUN PARK

01. 관절 튼튼 연어강황밥

첨연어, 강황&코코넛오일 퓨레, 양고기, 유기농 채소 퓨레

생선밥을 좋아하는 반려견 테오를 위해 첨연어를 메인으로 구성했어요. 녹색 유기농 채소 퓨레와 코코넛오일 베이스의 강황 퓨레를 얹었어요. 강황에는 관절 통증 완화 및 항염 기능을 하는 커큐민 성분이 함유되어 있어 관절 건강과 면역력 증진에 좋다고 해요. 향긋한 강황의 향을 좋아하지 않는 강아지들도 있다고 하지만 테오는 다른 재료들과 비벼주면 맛있게 먹는답니다.

02. 할아버지의 청란밥

청란, 홍연어, 소고기, 동결건조채소

가족 찬스라고 해야 할까요? 할아버지께서는 은퇴하신 후 여러 동물을 기르셨는데 지금은 청계들을 키우고 계세요. 그래서 저희 가족 모두 건강한 닭들이 낳은 신선한 청란을 맛볼 수 있답니다. 청란을 중심으로 수비드한 홍연어와 신선한 원재료로 만든 동결건조 채소를 소량 얹었어요. 칼슘이 풍부해 혈액순환을 돕고 변비에도 도움이 되는 연근도 곁들인 밥이랍니다.

03. 통째로 메추리밥

메추리, 계란 푸딩, 돼지고기, 유기농 채소 믹스, 산양유 동결건조 트릿

닭고기에 알레르기 반응이 있는 테오에게 메추리는 맛있고 유용한 단백질원입니다. 신선한 메추리 한 마리를 통째로 준비했어요. 말랑한 계란 푸딩을 곁들였는데 푸딩 안에는 연어와 브로콜리, 치즈까지 들어있어 골고루 영양을 챙겼어요.

50

04. 뉴질랜드 청정 양고기밥

- -

양 내장 동결건조, 소고기, 발효 채소

내장류는 미네랄 등의 영양소가 풍부하지만, 많은 양을 급여할 경우 영양소 과다의 문제가 생길 수 있어요. 그래서 반드시 적당한 양을 계산해서 먹이고 있습니다. 비주얼도 강렬하고 꼬릿한 냄새가 나는데 테오는 정말 잘 먹더라고요.

05. 솔직 담백 말고기밥

- -

말고기, 유기농 친환경 채소 퓌레, 한입 간식(유기농 기버터, 동물복지 계란, 반려견용 베리 잼, 치즈 크림), 단호박 수프, 과일채소 믹스, 발효 채소

지방과 기름이 적으면서 단백질이 높은 말고기가 들어간 밥이에요. 이빨이 약한 아이들도 맛있게 먹을 수 있는 촉촉한 한입 간식을 곁들였어요. 한입 간식 안에 가득 들어간 치즈 크림은 항산화에 효과적인 셀레늄과 각종 비타민 및 미네랄이 풍부하다고 해요. 발효 채소를 하나씩 넣어서 마무리합니다. 작은 얼음 용기에 소분해 얼려 두면 끼니마다 꺼내 먹이기 쉬워요.

06. 넝쿨째 굴러 온 호박밥

- -

동결건조 호박, 토끼고기, 캥거루, 동결건조 초록입홍합

호박에는 소화를 돕는 섬유질이 가득해요. 나트륨을 몸에서 내보내는 데에도 효과적입니다. 소화가 잘 안 되는 날에는 따뜻한 물에 불려서 호박죽처럼 먹이기도 해요. 수비드 진공 저온 공법으로 영양 손실을 최소화한 고기를 곁들였어요. 실제로 고깃결이 정말 촉촉해요.

07. 갓 잡아 올린 생선밥

- -

가자미&연어 화식, 동결건조 열빙어 채소 퓨레,
청란

고기 알레르기가 심한 아이들에게 도움이 되는
연어나 청어 등의 생선을 사용했어요. 단 생선류
는 중금속, 오메가3 과다 등의 문제로 장기간 급
여하는 것은 좋지 않다고 합니다. 식이섬유가 풍
부한 신선한 과일 채소 퓨레를 토핑으로 얹어주
면 영양과 수분에 맛까지 더해줄 수 있어요.

08. 산해진미 영양밥

- -

포크 파테(돼지고기, 내장, 계란 노른자, 계란 껍
질, 오일, 씨앗, 해조류, 허브류), 연어&토마토 수
프, 발효 채소, 동결건조 산양유

고기 살코기와 내장, 계란 껍질, 계란 노른자 그리
고 각종 부재료로 영양소를 채운 파테를 활용한
베이직한 밥이에요. 든든한 단백질원인 메인 고
기에 과일 채소 퓨레나 발효 채소를 더해주고 그
외 간단한 사이드 토핑을 조합하는 방식으로 다
양한 화식 식단을 꾸릴 수 있답니다.

연어&토마토 수프는 코코넛 밀크가 들어가서 고
소한 맛이 나요. 겨울엔 따뜻한 수프로, 여름엔 차
가운 빙수처럼 먹일 수 있어 활용도가 좋아요. 유
산균이 풍부한 동결건조 산양유는 소화 기능 개
선에 탁월해요. 하루에 하나씩 부담 없이 먹일 수
있는 간식이에요.

TEO, LET'S
HAVE A MEAL

....

THE KING'S TABLE

09. 고소한 고단백 고기밥

소고기, 캥거루고기, 돼지고기, 칠면조고기, 치
즈, 채소 퓨레, 계란껍질 가루, 계란 푸딩

내장이 포함된 고기에 계란껍질 가루와 영양소
로 밸런스를 맞춰 식사 대용으로 먹일 수 있는 밥
이에요. 고기의 안쪽은 생식에 가까운 느낌이라
육즙이 살아 있어서 테오가 더 맛있게 먹어요.

텅 빈 밥그릇으로 하는 대답

세상에서 제일 튼튼한 다리를 가진 테오, 안녕하세요!

안녕하세요. 초록빛 눈을 가진 아이언 비글 테오와 지내고 있는 테오 누나입니다. 테오는 오른쪽 다리가 조금 불편해서 보조기를 착용하고 있어요. 보조기를 하고 있다는 이유로 동정 어린 시선으로 바라보는 분들이 참 많습니다. 하지만 테오는 불행한 아이가 아니에요. 산책하며 풀 냄새 맡는 걸 좋아하고, 아무리 많이 먹어도 배부른 걸 모르고, 친구들과 인사 나누는 걸 즐기고, 발라당 누워 애교를 부리는 여느 아이들과 다름없이 행복한 강아지예요. 다리가 불편한 건 무수히 많은 특징 중 하나일 뿐이랍니다. '아이언 비글'은 그런 시선들에 맞서고 싶어 지어준 별명이에요. 멋진 강화 슈트를 입은 히어로 아이언 맨처럼 테오의 날개가 되어주는 보조기도 왠지 더 멋져 보이지 않나요?

사랑이 가득 담긴 밥상 덕분인지 테오는 항상 밝고 편안해 보여요.

뚱한 표정이 매력인 테오는 무던하고 순둥한 성격이에요. 사람은 물론 강아지 친구들도 좋아하고 산책하는 것, 배우는 것, 음식을 먹는 것 모두 즐겁게 누릴 줄 아는 멋진 아이랍니다.

무엇이든 가리지 않고 맛있게 잘 먹는 테오가 처음으로 아무것도 먹지 않던 때가 있었는데, 사고로 수술을 해서 입원해 있을 때였어요. 어린 강아지에게는 너무나 큰 수술이었죠. 수술 후 한시름 덜 새도 없이 상태가 좋아졌다 나빠졌다 큰 기복을 보였어요. 면회 때마다 좋아하는 꿀고구마 등의 간식과 사료를 전부 가져갔어요. 제발 한 입이라도 먹어 주기를 간절히 바라면서요. 그런데 입에 대지 않더라고요.

담당 수의사님께서 뭐라도 먹이고 싶은 마음에 병원에 있던 간식들을 하나씩 다 급여해 보셨다고 해요. 그중에서 짭짤한 참치 맛 간식 하나를 먹었다는 소식을 들었을 때 눈물이 나도록 기뻤던 기억이 나요. 지금도 병원에서 그 간식을 볼 때마다 울컥하곤 해요. 먹는 게 최대 난관이었던 그때, 잘 먹는 게 얼마나 감사한 일인지 알게 되었어요.

이렇게 아픈 기억이 지금의 식단을 시작하게 된 계기가 되었어요. 지금도 테오가 맛있게 밥 먹는 모습을 보면 가슴이 벅찰 만큼 기뻐요. 다양한 맛의 즐거움을 느끼게 해주고 싶은 마음이 커요. 건강이 1순위지만 동시에 아이가 맛있는 음식을 먹고 행복을 느끼는 게 중요하다고 생각해요.

어쩜 이렇게 다채로운 식단을 준비하시나요?

테오는 사료와 화식을 병행하고 있어요. 건사료와 동결건조사료, 습식사료를 주식으로, 화식은 특식 개념으로 급여하고 있습니다. 식단을 짜는 가장 첫 번째 기준인 영양 밸런스는 대부분

주식으로 채워주고 화식으로는 다양한 맛의 즐거움을 느끼게 해주고 있어요. 교육할 때 보상으로 주는 소량을 제외하고 간식은 웬만하면 급여하지 않기 때문에 그만큼 하루 두 번의 식사를 정성 들여 준비하려 해요.

사슴, 토끼, 캥거루 등 다양한 단백질원을 맛볼 수 있도록 신경 쓰고 있어요. 어디서 어떻게 만들어진 재료인지를 꼼꼼히 확인하고 있고요. 영양학적으로 강아지는 양질의 단백질을 균형 있게 섭취하는 것이 필요해요. 그런데 동물복지와 기후 위기에 대해 관심을 가지게 되면서 육류 소비에 대한 고민이 생겼어요. 제가 선택한 대안은 친환경 동물복지 육류와 유기농 식재료를 사용하는 거예요. 동물윤리를 고려하는 소비를 지향하려고 합니다.

플레이팅도 특별한 취미가 되었습니다. 사실 예전의 저는 요리에 전혀 관심이 없었어요. 소질도 없다고 생각했고요. 테오의 식단을 시작한 이후로 '음식'과 '먹는 행위', '음식을 요리하고 아름답게 내는 것'을 소중하게 여기게 되었어요.

관절 건강 관리나 식단에 대해 물어보시는 분들이 많아요. 완벽하지는 않더라도 알고 있는 것을 최대한 나누곤 해요. 저도 테오가 첫 반려견이다 보니 도움이 간절할 때가 있거든요. 이야기를 나누는 것만으로도 큰 위로가 된다는 걸 알고 있어요. 아이들을 위해 용기내시는 보호자님들 항상 응원합니다.

저도 먹고 싶어 질 정도예요. 가끔 나눠 먹기도 하나요(웃음)?

주변에서 테오 밥이 먹음직스러워 보여서 직접 먹어보고 싶다는 이야기를 많이들 해요. 과일, 채소, 계란 같은 재료는 워낙 신선하고 맛있기 때문에 같이 나눠 먹기도 합니다. 산양유 트릿이나 동결건조 요거트 같은 경우는 제가 먹어도 새콤하고 맛있어서 자주 뺏어 먹고요. 새롭게 구매한 음식과 재료들은 급여 전 한 번씩 꼭 맛보는 편이에요. 재료의 맛이나 식감 등을 직접 확인해 보고 싶기도 하고 꼼꼼하게 후기를 남기고 싶어서요. 휴먼 그레이드가 아닌 제품이라도요. 누나가 자기 음식을 먹을 때마다 어리둥절한 표정으로 눈치를 주는 테오는 덤이죠(웃음).

테오는 항상 맛있게 먹잖아요. 정성스럽게 준비한 만큼 행복 하실 것 같아요.

먹는 것만 봐도 배부르다는 말이 있잖아요. 어렸을 때 할머니와 함께 살았는데 할머니께서는 제가 밥 먹을 때마다 옆에서 아무 말씀 없이 저를 지켜봐 주시곤 했어요. 테오를 만난 후 할머니의 마음을 조금은 헤아리게 되었어요. 맛있게 먹는 모습을 보고 있으면 참 기특하고 예뻐요. 특히 제가 차린 밥을 남김없이 비우는 걸 보면 더할 나위 없죠.

갖가지 음식들 중에서도 테오가 가장 먼저 택하는 반찬들이 있어요. 어떤 재료와 식감을 선호하는지 알아가는 것도 큰 즐거움이에요. 테오는 생선밥을 제일 좋아하는데 저도 해산물을 좋아해요. 그 모습을 보면 '나를 많이 닮았구나'라는 생각이 듭니다. 모든 반려인들이 한 번쯤은 날 닮은 아이의 모습을 발견하곤 하죠. 참 신기해요. 피 한 방울 섞이지 않았는데 어쩜 이렇게 닮을 수가 있을까요?

아이언맨은 강철로 된 멋진 수트를 입고 세상에서 가장 사랑받는 히어로가 되었어요. 아이언 비글, 테오와 많이 닮았다는 생각이 드네요!
늘 묻고 싶어요. "테오야, 지금 행복하니? 누나가 테오에게 잘하고 있는 걸까?" 서로의 언어를 완벽하게 통역할 수 없으니 테

오는 제 질문을 이해하지 못할 테고 저는 테오의 대답을 들을 수 없겠죠. 하지만 덕분에 테오의 건강과 행복을 위해 끊임없이 노력할 수 있을 거예요. 이야기하다 보니 문득 드는 생각인데, 테오는 누나가 차려준 밥을 맛있게 먹는 것으로 열심히 대답하고 있지 않나 싶기도 합니다. 언어보다 더 사랑스러운 표현 방식인 것 같아요. 실은 지금도 테오의 다리 상태가 기복을 보일 때마다 하루에도 몇 번씩 깊은 불안에 휩싸이곤 해요. 하지만 그 불안은 언제까지나 보호자인 제 몫입니다. 테오는 평생 철없는 어린아이처럼 해맑게 살았으면 좋겠어요. 지금처럼요. 아프지 말라는 말보다 "이파도 누나가 지켜줄게"라고 말해주고 싶어요. 달리는 게 힘들다면 천천히 오래오래 걸으면 되니까. 걷는 게 힘들어지면 누나가 안고 업고 어디든 갈 테니까. 테오는 그저 지금처럼만 제 곁에 머물러줬으면 좋겠어요.

WELCOME

GO!
BONG
BOB

·····················

THE
KING'S
TABLE

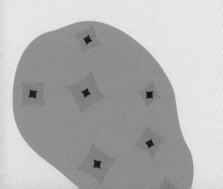

2022 AUTUMN

PHOTOGRAPH & RECIPE

LIM MI RYEONG @sisbongxmay

EDITOR

JOEUN PARK

01. 속닥속닥 치즈

소고기, 닭고기 치즈 볼, 요거 베지 스퀴즈
소고기를 다져서 빵 모양으로 구워 낸 소고기 로프
는 지친 아이들의 기력을 충전해 주고, 곁들인 닭고
기 치즈볼은 소화를 도와줘요. 산양유와 그릭 요거
트가 들어간 요거 베지 스퀴즈가 몸에서 나쁜 독을
내보내 주어 배변활동에 도움을 준답니다.

02. 하프 치킨포크

돼지고기, 닭고기, 단호박, 사과, 블루베리, 딸기
단백질과 비타민 모두 빼놓지 않은 식단이에요. 기
력을 더해주는 돼지고기 패티와 살 찔 걱정 없는
닭고기 패티 위에 면역력 강화와 변비를 예방하는
사과, 블루베리, 딸기, 단호박을 가득 올렸어요.

03. 한식 한 상

칠면조고기, 계란, 연근, 방울토마토, 딸기
칠면조 베이스에 콜레스테롤을 줄여주는 계란
프라이를 올렸어요. 비타민B가 많이 들어있는 연
근에 과채 퓨레를 버무려 영양도 만점이랍니다.
식재료 고유의 색감이 잘 어우러져 한식 분위기
가 물씬 풍겨요.

04. 소골소골 스튜

오골계 사골, 소고기 화식, 애호박, 당근, 고구마

근육을 키워주고 관절을 건강하게 해주는 소고
기와 눈 건강에 좋고 변비를 예방하는 채소들을
잘게 잘라 넣었어요. 무엇보다 심혈관 질환에 좋
아서 약재로도 사용되었다는 오골계 사골을 부
어서 음수량과 기호성을 높였답니다.

05. 채소 프로젝트

칠면조고기, 오리 치즈볼, 방울배추, 바나나, 케일

채소를 많이 넣은 식단으로 고기 위주의 식사를
한 이후에 먹이곤 해요. 위를 보호하는 방울 배추
와 치아 건강과 신진대사를 활발하게 해주는 바
나나, 케일을 메인으로 만들었어요. 면역력을 높
여주는 칠면조 그리고, 피부와 혈관을 깨끗하게
해주는 오리 치즈볼 반 개도 함께 구성했어요.

06. 삼색 발자국

닭고기, 오리 볼, 키위, 마, 비트, 고구마, 양배추, 브로콜리, 단호박

비교적 간단해 보이지만 영양소를 많이 신경 썼어요. 빨간색은 혈
관을 관리하는 키위, 마, 비트가 들어간 퓨레예요. 연노란색 퓨레는
아이들의 눈과 변비에 좋은 고구마, 양배추, 브로콜리로 만들었고
요. 진한 노란색은 콜레스테롤을 배출시켜주는 단호박으로 만들었
어요. 심심하지 않도록 닭고기와 오리 볼까지 올려서 완성했어요.

07. 양은 처음이양

양고기, 토끼 볼, 연근, 방울토마토, 프로
바이트 원 닭고기 트릿
음식을 급하게 먹는 강아지의 소화와 수
분 섭취를 도와주는 식단이에요. 소화를
돕는 양고기를 메인으로 혈관을 깨끗하
게 해주는 토끼 볼, 비타민이 가득해서
피로 회복에 좋은 연근, 혈당을 조절해
주는 방울토마토, 면역력을 강화시키는
프로 바이트 원 닭고기 트릿으로 구성했
어요.

08. 내 맘의 문을 연, 닭

닭고기, 오리 볼, 연어, 동결건조 산양유
오메가3가 가득한 연어, 피부와 혈관을
튼튼하게 해주는 오리 볼, 체중 조절에
좋은 닭고기, 면역력을 증진시켜주는 동
결건조 산양유까지. 육해공을 넘나드는
식재료를 사용해 한끼에 다양한 맛을 느
낄 수 있도록 구성했어요.

GO!
BONG BOB

09. 멍비아니

닭고기, 오리 산양유 치즈볼, 고구마, 양배추, 브로콜리

먼저 닭고기를 깔고, 그 위에 변비와 항산화에 좋은 고구마, 양배
추, 브로콜리 퓨레를 뿌려줘요. 마지막으로 아이들 털과 노화 예
방에 좋은 오리 산양유 치즈볼을 올리면 완성이랍니다. 처음 자
연식을 시작하는 사람들이 따라하기 좋은 간단한 레시피예요.

그릇 위로 수북하게 높이 담은 마음

와, 정말 황제의 식탁이네요. 이 중에서 봉희가 제일 좋아하는 메뉴는 무엇인가요?

봉희는 메추리와 오골계로 만들어진 제품을 유난히 좋아해요. 아무래도 소나 닭, 칠면조, 연어 같은 식재료는 고봉밥을 시작하기 전 트릿이나 츄르 등 다양한 제형의 간식으로 자주 경험해서 익숙한 맛이라고 느끼는 것 같아요. 또 칭찬받을 행동을 한 날에는 식사에 메추리알 프라이를 하나씩 올려줘서 더 좋아하는 건 아닐까 싶어요(웃음). 최근에도 오골계 볼 위에 메추리알 프라이를 올려준 적이 있는데 음식을 보자마자 눈을 부릅뜨며 제자리를 뱅뱅 돌더라고요. 그리고 기대감에 찬 표정으로 밥그릇 앞으로 쪼르르 달려가는데 그 모습이 정말 귀여웠어요.

과일, 채소, 생선, 고기, 꽃까지 다양한 재료로 구성된 식단을 만들고 계시잖아요. 언제부터 이렇게 먹이셨어요?

이 식단의 이름은 '고봉밥'이에요. GO! 봉희의 밥이라는 뜻이죠(웃음). 고봉밥 프로젝트를 시작하기 전 봉희는 입이 정말 짧았어요. 사료를 잘 먹지 않아서 심할 땐 4일 동안 그릇이 비워지지 않았어요. 배는 항상 홀쭉했고 밥을 제때 먹지 않으니 간식 의존도가 높아져서 양치를 해도 치석과 입 냄새가 갈수록 심해졌어요. 그러다가 어느 날 봉희의 변 상태가 묽다 못해 스프레이처럼 칙 하고 뿌려져 나오는 걸 목격했죠. 이대로는 안 되겠다 싶어서 건강한 식단을 알아보게 되었어요. 그게 지금까지 오게 되었네요.

첫 고봉밥을 시작했을 때 봉희가 화식에 섞인 사료를 정말 맛있게 먹는 거예요. 미안하기도 하고 한편으론 뿌듯했어요. 그렇게 점차 사료 양은 줄이고 화식 양은 늘려가며 매일 변 상태를 체크했어요. 검색창에 강아지에게 좋은 음식과 효능을 검색하고, 저보다 먼저 자연식을 시작한 분들의 블로그를 많이 참고하며 매일 식단을 짜줬어요. 점점 건강해지는 봉희를 보는 즐거움으로 고봉밥을 계속하고 있답니다.

오골계, 청계, 그리고 등에까지. 처음 보는 식재료들이 많아요.

처음 접해보는 식재료는 도전 욕구를 샘솟게 하죠(웃음). 봉희가 다채로운 경험을 했으면 좋겠다는 바람이 고봉밥에 녹아 있는 것 같아요. 새로운 식재료를 보면 강아지가 먹을 수 있는지 없는지 알아보고 급여가 가능하다면 바로 급여해 보는 편이에요! 또 봉희네 본가에서 오골계, 청계, 거위 등을 키우고 있고 블루베리, 딸기, 토마토 등의 식재료를 언제든 싱싱한 상태로 구할 수 있기 때문에 더 접근하기 쉬웠어요.

플레이팅도 예뻐요. 역시 보기 좋은 떡이 먹기도 좋죠.

맞아요, 정말 공감해요! 맛도 좋은데 보기에도 좋고 덩달아 기분까지 좋아지는 음식을 만들어주고 싶었어요. 각 재료의 특징이 더 잘 보이도록 그릇은 투명하고 깊이가 낮은 걸 사용하고 있어요. 색깔은 무조건 3색 이상이 들어가게끔 신경 써요. 보통 주황, 노랑, 연두가 들어간 음식이 건강하고 다채로워 보이더라고요. 이렇게 식재료 고유의 색감이나 제형을 잘 살리면서 영양소의 균형을 잘 맞추는 게 고봉밥의 특징이에요.

다음 생에는 봉희로 태어나야겠어요(웃음).

고봉밥을 기록하고 공유하면서 가장 많이 들은 말이 "나도 봉희가 되고 싶다"예요(웃음). 봉희도 만족하는 것 같아요. 예전엔 제발 한 입만 먹어 달라며 애원해야 한 입 먹어줬는데, 지금은 제가 주방에 잠시 서있기만 해도 '맘마' 소리가 나는 버튼을 연신 누르며 재촉하거든요. 또 과일과 채소를 싫어해서 고기 간식 외엔 취급도 안 하던 녀석이 이제는 브로콜리, 토마토, 수박, 블루베리… 뭐든 가리지 않아요. 과일과 채소를 따로 간식용으로 두고 먹여야 할 만큼 음식 취향이 바뀌었어요. 저는 '건강에 크게

문제가 없는 한 영양제보다는 과일이나 채소를 먹고 영양소를 채워보자'라는 입장이에요. 이런 마음을 봉희가 알아주는 것 같아서 정말 기쁘고 고마워요.

저도 언젠가 꼭 우리 아이에게 챙겨주고 싶어요.

봉희를 위해 고봉밥 프로젝트를 시작한지 벌써 여러 달이 지났어요. 아직 모르는 게 많아 배워야 할 것이 많아요. 처음엔 저도 잘 몰라서 봉희가 좋아하는 고기 위주의 식단을 짜줬어요. 그랬더니 봉희가 변비에 걸려 힘들어하더라고요. 아차 싶었죠. 좋아하는 것만 준다고 좋은 게 아니라는 걸 깨달았어요.

매일 같은 재료를 반복하지 않고 양을 맞춰서 하루 두 끼의 식단을 짜는 것이 보통 일이 아니기 때문에 사실 적극 추천하지는

않아요. 그래도 가끔 특식으로 챙겨주고 싶으시다면 아이의 체중과 활동량을 고려해서 일일 급여량을 계산하는 게 먼저랍니다. 인터넷에 검색하면 급여량 계산법을 쉽게 찾을 수 있어요. 이 단계가 익숙해지면 성분표를 보며 칼로리를 계산해보고요. 그 다음, 강아지의 기호성을 찾는 게 좋다고 생각해요.

자연식을 처음 시작하는 분들께 '퓨레'를 추천해요. 퓨레는 과일이나 채소를 삶거나 갈아서 체로 걸러 걸쭉하게 만든 음식이에요. 비타민, 유산균, 아미노산 등 필요한 영양소가 적절히 들어있고 음수량도 같이 챙길 수 있어 정말 좋아요. 그럼 아이들의 행복한 식사를 위해 고민하는 모든 분들을 응원하면서, 저는 오늘도 봉희를 위한 고봉밥 프로젝트를 계속할게요.

MUNGCHELIN GUIDE

MAMMA	SISTER'S KITCHEN	ODETTE JEJU	3EGAJI
In a particularity,	*Just for*	*Your dog*	*Eat*
Slowly,	*50 people*	*Is always*	*With*
Healthily	*A day*	*Welcome*	*Puppy*

우리에게는 미식을 즐길 수 있는 쉬운 방법이 있다. 바로 '미슐랭 가이드(Michelin Guide)'에 선정된 식당에 방문하는 것. 20세기 초, 프랑스를 여행하는 운전자들에게 유익한 정보를 제공하자는 취지에서 펴내기 시작한 미슐랭 가이드는 봄마다 발간하는 여행 안내 책자로 현재 전 세계 미식문화를 선도하는 기준이 되었다. 선정 기준이 공식적으로 외부에 알려지진 않았지만, 대체적으로 좋은 음식이란 무엇인지를 충분히 이해하고 탐구하는 식당을 선택하는 것으로 알려져 있다.

2022년, 대한민국의 반려문화는 뽕나무 밭이 푸른 바다가 될 정도로 커다란 변화를 겪고 있다. 과거 마당에 묶여 사람이 먹다 남은 음식을 먹던 강아지들은 이제 천연 효모로 가수분해한 휴먼 그레이드 음식을 먹는다. 반려견 동반 식당이 우후죽순 생겨나고 식당에서는 자연스럽게 반려견을 위한 음식을 판매한다. 그렇다면 수많은 식당 중 어떤 곳을 선택해야 할까? 그리고 어떤 음식이 좋은 음식일까? 이 고민의 끝에 **mellow**는 '멍슐랭 가이드'를 만들었다. 천고마비의 계절인 9월, 우리의 반려견들이 멋진 식사를 즐길 수 있도록.

멍슐랭 가이드는 가장 먼저 공간을 살펴봤다. 사람을 위해 준비되어 있는 대부분 식당과 달리 이번만큼은 반려견 손님을 위한 맞춤 시설을 마련하고 있는지를 봤다. 셰프의 철학과 전문성도 못지않게 중요했다. 좋은 음식이란 무엇인지를 고민하고 있는지, 반려견을 진심으로 대하는지 신선하고 좋은 재료를 사용하는지 꼼꼼하게 확인했다. 그리고 그 무엇보다 중요한 건 바로 음식의 맛. 반려견에게 먹는 즐거움을 선사할 수 있는지를 중점적으로 체크해서 네 곳의 식당을 선정했다. 오로지 반려견을 위한, 그리고 반려견에 의한 식당 선택 멍슐랭 가이드를 소개한다.

MAMMA

"까다롭게, 느리게, 건강하게"

POINT OF VIEW 두 개의 메뉴판이 있다. 우리가 먹을 수 있는 음식은 디저트와 음료뿐인데 반려견 메뉴판은 눈에 띄게 화려하다. 이 유일무이한 반려견 전용 파인 다이닝을 운영하는 셰프의 취미는 분위기 좋은 곳에서 맛있는 음식을 먹는 것. 반려견 아리와 함께 미식 여행을 다니는 것이 삶의 낙이다. 그런데 아리와 함께 갈 수 있는 식당 중 반려견을 위한 다양한 요리가 준비된 곳은 없었다. 그래서 직접 수의사와 동물 영양학 박사를 만나 함께 메뉴를 개발했다.

ABOUT DISH 펫다이닝 맘마의 메인 메뉴는 다름 아닌 코스요리. 한식 코스에서는 삼색 경단을 시작으로 비빔밥과 닭발곰탕, 그리고 후식으로 식혜까지 맛볼 수 있다. 양식 코스로는 네 종류의 식전 수프, 메인 스테이크, 블루베리 푸딩 디저트가 준비되어 있다. 메인 메뉴에 들어가는 고기는 닭, 오리, 돼지, 소, 캥거루, 말, 칠면조, 연어까지 총 8종으로 다채롭게 준비되어 있다. 강아지도 같은 음식만 먹으면 질릴 수 있으니까.

FACILITIES & SERVICES 식당 주변을 산책하는 강아지도 물을 마실 수 있는 챱챱존, 오프리쉬 가능한 테라스, 이중문 설치.

MAMMA

서울시 송파구 중대로 312 1F, 맘마

070-7792-7770

instagram.com/mamma_petdining

SISTER'S
KITCHEN

"하루 50인만을 위한 식탁"

POINT OF VIEW 가로수길에 위치한 고급 이태리 가정식 레스토랑. 문을 열고 들어가면 커다란 강아지 두 마리가 편안하게 누운 채로 꼬리를 흔들고 있다. 두 마리 대형견이 상주하는 자매의 부엌. 반려견과 영원히 함께하고 싶은 마음을 담아 반려견도 먹을 수 있는 건강하고 맛있는 음식을 만들기 시작했다는 셰프 자매는 "음식은 사람에게도, 동물에게도 삶의 질을 결정하는 가장 중요한 요인"이라고 말한다.

ABOUT DISH 이토록 음식에 진심인 이들이 만든 메인 메뉴는 무려 수비드 공법으로 조리한 국내산 소고기 스테이크. 쉽게 맛보기 힘든 이 고급 소고기 요리는 다진 새우와 토마토, 브로콜리를 곁들여 식탁에 나온다. 그 외에도 닭고기와 오리고기, 제주 말고기 스테이크가 준비되어 있으니 입맛 따라 기분 따라 선택은 자유. 소형견 기준 양이 많을 수 있으니 아이들의 컨디션에 맞춰 조금씩 덜어 먹이는 걸 추천한다.

FACILITIES & SERVICES 대형견 동반 가능 프라이빗 룸.

SISTER'S KITCHEN

서울시 강남구 압구정로 10길 40, 자매의 부엌

010-5608-5363

instagram.com/sisters____kitchen

ODETTE JEJU

"반려견 동반 입장을 환영합니다"

POINT OF VIEW '반려견 동반 입장을 환영합니다'라는 문구가 반려견 손님들을 반긴다. 환대가 익숙치 않은 반려견 손님과 보호자들은 문 앞에 선 순간부터 마음이 편해진다. 육지에서 훈련사로 일하며 강아지 동반 가든을 운영했던 셰프 부부는 제주에 와서도 강아지들과 함께하는 삶을 선택했다.

ABOUT DISH 오데뜨의 메인 메뉴는 제주산 흑돼지 안심을 수비드 공법으로 조리한 스테이크. 다진 당근과 브로콜리가 함께 나오는데 양이 모자란 아이들을 위해 고기 추가도 가능하다. 스테이크를 주문할 때마다 알레르기 유무를 세심하게 확인하는 모습에서 셰프의 진심을 느낄 수 있다. 모든 좌석에 반려견이 앉을 수 있으며 키에 맞춰 높은 방석을 제공하는 섬세함이 돋보인다.

FACILITIES & SERVICES 전 좌석 반려동물 착석 가능, 키 높이 방석 제공.

ODETTE JEJU

제주시 한림읍 중산간서로 **4995-6**, 오데뜨 제주 본점

064-799-2748

3EGAJI

"강아지와 함께 먹어요!"

POINT OF VIEW 세 자매와 반려견 가지의 이름을 더해 만든 <세가지>. 자매는 눈치보지 않고 가지와 함께 즐길 수 있는 공간을 찾고 찾다가 결국 직접 카페를 만들었다. 고소한 원두와 달큰한 단호박 향이 섞인 이 카페는 온통 반려견 가지의 캐릭터로 꾸며져 있다. 구석구석 반려견 손님을 향한 세심한 배려와 진심이 숨어있어 찾아보는 재미가 쏠쏠하다.

먼저 벽 한 켠에 반려견 손님만을 위한 전용 의자가 준비되어 있다. 편한데 예쁘기까지 한 이 의자는 누구든지 필요하면 가져다 쓸 수 있다. 또 사람을 위한 셀프바 옆에 같은 크기의 퍼피 바(Puppy bar)가 위치해 있다. 짧은 산책이 가능한 야외 테이블과 포토존도 마련되어 있으니 사랑하는 내 반려견과의 하루 데이트 코스로 이만한 데가 없다.

ABOUT DISH 메인 메뉴는 단호박과 락토프리 우유로 만든 퍼푸치노(Puppuccino). 가격은 합리적이고 아이들의 기호성은 최고다. 그 외에도 국내산 고구마와 계란, 유기농 과채로 만들어진 퍼피 볼, 마들렌, 크루아상을 맛볼 수 있다.

FACILITIES & SERVICES 반려견 전용 의자, 반려견용 물그릇과 식용수가 준비되어 있는 퍼피 바(Puppy bar), 견생샷을 건질 수 있는 포토 존.

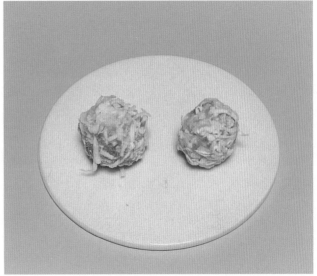

3EGAJI

경기도 성남시 중원구 둔촌대로 64번길 4-4 1F, 세가지

instagram.com/3egaji

JUST
ONE BITE

COUPON

3EGAJI

Puppuccino

퍼푸치노 20% 할인

COUPON

SISTER'S KITCHEN

Steak

스테이크 5% 할인 + 강아지 특별 간식

COUPON

MAMMA

Course menu

코스요리 10% 할인

COUPON

ODETTE JEJU

Pork steak

흑돼지 스테이크 1000원 할인

COUPON

SISTER'S KITCHEN

스테이크 5% 할인
+강아지 특별간식 쿠폰

- 선착순 10명
- 2022. 9월~11월 까지
- 서울시 강남구 압구정로 10길 40, 자매의 부엌
- 010-6508-5363
- instagram.com/sisters_____kitchen/

하루 오십인만을 위한 식탁

COUPON

3EGAJI

퍼푸치노 20% 할인 쿠폰

- 경기도 성남시 중원구 둔촌대로 64번길 4-4 1F
- instagram.com/3egaji/

강아지와 한께 먹어요

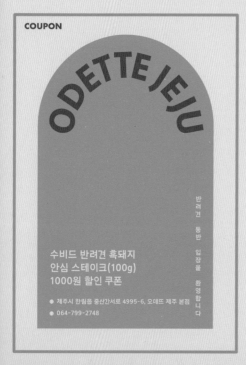

COUPON

ODETTE JEJU

수비드 반려견 흑돼지
안심 스테이크(100g)
1000원 할인 쿠폰

- 제주시 한림읍 중산간서로 4995-6, 오데뜨 제주 본점
- 064-799-2748

반려견 동반 입장을 촬영합니다

COUPON

MAMMA

코스요리 10% 할인 쿠폰

- 코스요리 한식, 양식 중 택 1
- 서울시 송파구 중대로 312F, 맘마
- 070-7792-7770
- instagram.com/mamma_petdining

까다롭게 느리게 건강하게

나도 한입만

치킨과 피자 그리고 달콤한 디저트까지. 우리의 지친 몸과 마음을 치유하는 건 다름 아닌 음식이다. 한 입 베어무는 순간 동안 피로감은 눈녹듯 사라지고 입가엔 미소가 피어난다. 이 행복을 반려견과 즐길 수 있다면 얼마나 좋을까. 하지만 사람의 음식을 아이들과 나눌 수는 없다. 우리가 좋아하는 초콜릿과 닭 뼈, 매운 소스와 기름진 고기는 치명적인 독이 될 수도 있으니까.

이제는 아이들에게도 먹는 즐거움을 알려주고 싶다. 이것이 우리가 먹는 음식과 꼭 닮은 멍푸드가 만들어지는 이유다. 반려견은 가족의 일원이자 가장 친한 친구가 되었다. 이토록 가까운 내 아이와 한 테이블에 마주 보고 앉아 함께 시간을 보내고 싶은 것은 당연한 일. 사람과는 다른 몸을 가진 반려견들의 영양에 꼭 맞춘, 그러면서 우리의 음식처럼 다채로운 모습을 가진, 무엇보다 아이들이 행복하게 음미할 수 있는 수많은 멍푸드들이 만들어지고 있다. 맛깔나는 모양과 고소한 냄새를 풍기는 멍푸드를 보고 있자면 나도 모르게 한 마디가 튀어나온다. 저기, 나도 한 입만.

자료제공 한국애견푸드아카데미 @kkc_petfoodacademy / 에디터 박조은

CHISUS CHRIST

오늘 먹을 치킨을 내일로 미루지 말라

B와 D 사이에는 무엇이 있을까? 그것은 바로 C. 그렇다. 출생(Birth)와 죽음(Death) 사이에는 치킨 (Chicken)이 있다. 바삭하게 튀겨진 겉바속촉 치느님이 떠오른다면? 참을 수 없다. 고민은 배달을 늦출 뿐. 닭가슴살에 잘게 썬 채소를 넣어 영양소를 채우고, 강아지 10마리 중 11마리가 좋아한다 는 황태 가루를 뿌린 마성의 멍치킨. ※주의: 치킨을 맛본 이후 다른 간식은 거들떠보지 않을 수도.

WANNA PIZZA?

Love fades, Pizza is forever

연애는 언젠가 끝이지만, 피자의 맛은 영원하다. 입맛 따라 해산물과 고기를 올린 푸짐한 토핑에 쫄깃한 도우까지. 아, 물론 바삭한 크러스트 추가도 참을 수 없지. 한 조각 들면 끝없이 늘어나는 치즈의 감동. 쌀가루로 만든 쫀득한 도우 위에 고구마를 펴 바르고 소고기와 각종 채소, 락토프리 우유로 만든 치즈 토핑까지 얹어 완성한 영양만점 한끼 대용 피자 한 판.

DONUT GIVE UP

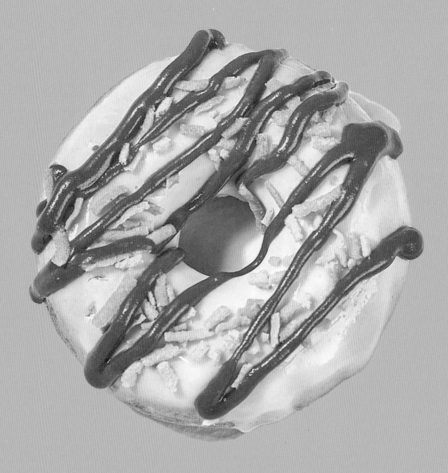

DONUT worry, Be happy

돈으로 행복을 살 수는 없지만 도넛은 살 수 있지. 영롱한 색깔에 사르르 녹는 쫄깃하고도 폭신한 식감. 한 입 베어물면 화려한 달콤함이 나를 감싸네. 닭가슴살과 다진 채소로 영양분을 꽉 채웠다. 단호박과 캐롭, 비트 천연 가루로 보는 눈까지 즐거운 오늘의 색다른 간식.

TASTE
HOMERUN

다 먹을 때까지 다 먹은 게 아니다

투수들은 꿈에서라도 절대 먹지 않는다는 이 과자, 홈런볼. 부드러운 슈과자 속 촉촉하고 달콤한 필링이 가
득한 이 과자를 입에 넣으면 응원하는 팀이 지고 있다고 해도 상관없다. 한 알 한 알 채워지는 홈런의 기운을
모아 다시 한 번 응원해 보자. 야구는 9회말 2아웃부터니까. 고소한 쌀가루로 만든 슈과자를 오븐에 굽고,
달콤한 고구마 필링을 넣어 사람이 먹어도 맛있는 댕런볼.

Hot Dog

Hot-Dog?
Hot-Dog!

한 입 가득 닥스훈트

그릴 가득 길쭉한 소시지가 줄 맞춰 구워진다. 고소하고 짭조름한 냄새가 코를 찌르면 소시지만큼 기다란 모양의 빵을 갈라 소시지를 툭 넣는다. 만약 길쭉한 핫도그를 처음 보았다면 그 독특한 모습에 고개를 갸웃거릴지도 모르겠다. 모양만큼은 범상치 않을지라도, 짭짤하고 기름진 맛만큼은 모두를 위한, 범지구적인 맛이다.

에디터 최진영 / **그림** 권부연

핫도그를 베어물며 궁금증을 가진 적이 있다. Hot dog? 왜 하필 핫 '도그'인 걸까? 짭짤한 소시지와 새콤달콤 케첩에 밀려 그 궁금증은 3초를 넘기지 못했지만. 핫도그를 맛보는 순간마다 다시 떠오를 궁금증의 실마리를 따라가 보았다 여러가지 기록들이 있지만, 맥락은 비슷하다. 길쭉한 핫도그는 그보다 더 길쭉한 닥스훈트를 닮았다는 것이다.

1901년 만화가 태드 돌건은 뉴욕의 폴로 경기장에서 샌드위치 판매원이 뜨끈한 닥스훈트 샌드위치 사세요라고 호객행위하는 장면을 보게 된다. "뜨끈한 닥스훈트 샌드위치"란 말에 푹 빠진 그는 그 장면을 만화로 그려 소개하기로 결심한다. 샌드위치 사이에 소시지 대신 닥스훈트를 그려 넣은 그의 만화 속 가장 재미있는 부분은 따로 있었다. 'Get your hot dogs(핫도그 사세요).' 닥스훈트(Dachshund)의 정확한 철자가 헷갈린 그는 만화에 hot

dogs라고 적어 놓았고, 그림과 절묘하게 어우러진 그 문구는 큰 인기를 끌게 되었다. 그 이후로 빵 사이에 소시지를 끼운 샌드위치는 핫도그가 되었다.

1972년 독일 뮌헨에서 열린 하계 올림픽의 마스코트는 닥스훈트 '발디'다. 발디의 영향을 받은 것인지 뮌헨 올림픽의 공식 모토는 '행복한 경기'였다고 한다. 올림픽의 피날레를 장식하는 마라톤 코스마저 닥스훈트 모양이었다고 하니, 뮌헨 올림픽을 닥스훈트로 기억하는 것도 무리는 아닐 것이다. 핫도그가 우리의 배를 든든하게 채워줄 때, 닥스훈트도 짧은 다리를 바삐 움직이며 우리에게 행복과 웃음을 전했다.

닥스훈트의 기다란 매력을 뽐낼 수 있는 대회도 있다. 바로 매년 미국 오하이오주에서 개최되는 옥토버페스트 속 '소시지 개

달리기 대회'다. 닥스훈트만 출전 가능한 이 대회는 한 가지 규칙이 있다. 핫도그 빵 모양의 옷을 입고 출전해야 한다는 것. 닥스훈트들이 빵 모양 옷을 입고 출발선에서 대기하는 모습은 이 대회의 묘미다. 줄지어 선 닥스훈트들이 출발 신호에 맞춰 전속력으로 달리면, 몸통이 길어졌다 짧아졌다를 반복하며 속력을 낸다. 숨겨온 사냥 본능이 발동한 걸까? 길고 도톰한 몸매에 숨겨진 넘치는 활동량은 닥스훈트의 반전 매력 중 하나다.

큰 눈망울에 제 얼굴만큼 커다란 축 처진 귀. 하지만 무엇보다 눈길을 끄는 건 단연코 매끈한 몸매다. 곡선을 그리는 길쭉한 몸매는 한 번 보면 미소가, 두 번, 세 번 보면 눈길을 뗄 수 없는 매력 덩어리다. 또, 길쭉한 몸매만큼이나 매력적인 짧은 다리는 분주히 움직이면 움직일수록 웃음을 자아낸다. 이제야 알 것 같다. 왜 그 판매원이 핫도그를 닥스훈트 샌드위치라 불렀는지.

닥스훈트의 길고 도톰한 외형은 육안으로도 그 옹골찬 두께감이 느껴진다. 오래전 독일인들도 소시지처럼 길쭉하고 오동통한 그 모습이 사랑스러웠던 건지 '소시지 개'라는 별명까지 붙여주었다. 생각해 보면 소시지 샌드위치가 핫도그라 불리게 된 건 당연한 일인지도 모르겠다. 핫도그는 전 세계 어딜 가나 쉽게 볼 수 있고, 저렴한 가격에 빈속을 든든히 채울 수 있다. 게다가 맛있다. 닥스훈트도 마찬가지다. 길쭉하고 도톰한 몸통과 짧은 다리는 멋있다는 감탄보다는 귀엽다는 웃음이 먼저 나오지만, 귀여운 만큼 친근하다. 멋지고 화려한 것보다는 편안하고 소박한 것들이 더 오래, 더 자주 함께 하기에 좋을 때가 있다. 핫도그가 전 세계를 사로잡을 수 있었던 건 닥스훈트의 그런 점과 닮아 있기 때문 아닐까.

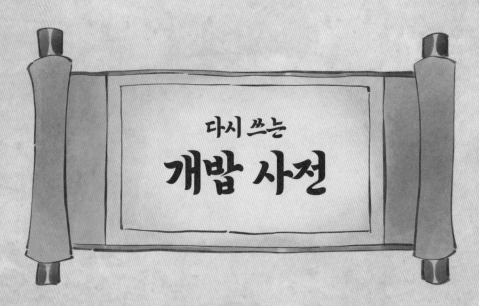

다시 쓰는
개밥 사전

에디터 박재림 / 그림 영시

저녁 하늘의 금성(金星)은 '개밥바라기'라고도 불린다. '바라기'는 작은 그릇을 뜻하는 단어. 따라서 개밥바라기는 '개밥그릇'이다. 배고픈 개가 저녁밥을 바랄 무렵 서쪽 하늘에 나타나는 별이라는 것이다. 이것 말고도 한국에는 개밥과 관련된 옛말, 그러니까 속담과 관용어구가 유독 많다. 그 의미가 대부분 부정적이라는 게 문제지만, 오늘날 반려견 문화가 점차 성숙해지는 가운데 재평가(!) 중인 표현도 적지 않다. 21세기 '개밥사전'은 나날이 새로 쓰이는 셈이다.

개밥
이전에는 사람이 먹고 남은 밥과 반찬을 대충 뒤섞어서 큰 대접이나 바가지에 담아주는 걸 개밥이라고 불렀다. 나의 인생 첫

강아지, 1990년대 초중반 유년 시절을 함께한 친구도 그런 걸 먹고 자랐다. 당시 개밥의 생김새는 사실상 음식쓰레기라고 할 만한 것이어서 '마구 섞여 잡탕이 된 음식'이나 '형편없는 음식' '맛없어 보이는 음식' 등을 뜻하는 멸칭으로 사용되기도 했다. 오늘날 개밥은 기본적으로 강아지용 사료를 의미하며, 각종 강아지용 간식 등 먹거리도 포함된다. 견종, 건강 상태, 기호성 등을 고려한 다양한 상품이 존재해서 반려인의 선택장애를 유발할 정도. 강아지를 위한 치킨 피자 짜장면 등 별식이 넘치고, 쇠고기미역국 영양닭죽 등 웬만한 사람 음식보다 고급스러운 영양식도 있다. 햇수로 17년째 타지에서 자취 중인 나에게 개밥은 '개팔자가 상팔자임을 실감하는 호화 요리'이자 '첫 반려견에게 먹이지 못해서 미안한, 너무 늦어버린 음식'이 되었다.

개밥에 도토리

거의 대부분 개가 실내가 아닌 실외 생활을 한 시기, 개밥에는 자연의 부산물(?)이 섞이는 일이 잦았다. 그 중 하나가 도토리였는데, 개들은 밥그릇에 도토리가 있어도 먹지 않고 남겼다. 그걸 본 선조들은 '따돌림을 받아서 여럿의 축에 끼지 못하는 사람'을 비유적으로 이르며 개밥에 도토리라고 불렀다. 요즘 말로는 '인싸'의 반댓말 '아싸(아웃사이더)'와 비슷하달까.

강아지의 먹거리에 관한 위험성 정보를 비교적 쉽게 찾을 수 있는 지금은 도토리의 타닌(tannins)이라는 성분이 강아지 배탈, 신부전을 유발할 수 있다는 걸 안다. 관련 지식이 매우 부족한 시절, 개밥에 도토리가 있다고 따로 골라주는 일은 없었을 것이다. 그럼에도 개는 알아서 도토리를 잘 걸렀다. 그런 의미에서 개밥에 도토리는 '현명하게 위험 요소를 잘 솎아내다'라는 뜻도 품고 있는 셈이다.

개밥에 달걀

'분에 넘치고 격에 맞지 아니하는 기구나 격식'을 비유적으로 이르는 말이다. 어려운 시절 달걀은 동물성 단백질을 섭취할 수 있는 귀한 음식이었다. 1930년대를 배경으로 한 주요섭의 소설 <사랑손님과 어머니>에서 등장인물 사이 매우 중요한 매개물이기도 했다. 그런 계란이 개밥에 들어갔다는 건 옛날 사람의 시선에서는 상당히 뜨악한 일이었다.

21세기 반려인의 시선으로 보면 어떨까. 달걀은 필수 아미노산, 각종 비타민, 엽산, 지방산 등을 함유해 강아지의 건강에 좋은 음식이다(날계란보다는 익혀서 급여하는 걸 추천). 달걀로 만든 수제간식도 많다. 강아지의 영양을 챙길 줄 아는 센스 있는 보호자를 만나면 이렇게 말해보자.

"개밥에 달걀 같은 분이시군요!"

죽 쒀서 개 준다

원래는 '애써서 만든 물건을 엉뚱한 사람이 가진다'는 뜻을 가진 속담이다. 밥과 비교했을 때 죽은 시간과 정성이 더 들어가는 음식. 또 소화가 잘 되기 때문에 건강 상태가 좋지 않은 사람을 위해서 준비하는 경우가 많은 먹거리다(아픈 연인을 위해 죽을 준비한 추억이 다들 있을 터). 특히나 개의 주식이 '사람이 먹고 남은 밥과 반찬'이던 시절, 공들여서 쑨 죽을 개에게 준다는 건 매우 허탈한 상황이었으리라.

시간이 흐르며 의미가 달라지기 시작했다. 강아지를 위한 특식으로 강아지가 먹는 죽이 개발되면서부터. 전복죽, 삼계죽, 북어죽, 야채죽, 오리죽, 쇠고기죽, 삼계죽, 호박죽 등 종류도 다양하다. 노견 혹은 건강을 회복 중인 강아지에게 죽을 급여하는 모습은 결코 낯설지 않은 풍경이 되었다. 그렇다면 속담의 의미도 다시 쓰여야 한다. 죽 쒀서 개 준다는 '강아지 원기회복에 힘쓴다'라는 뜻이다. 우리 모두 죽 쒀서 개 주자.

섣달 그믐 개밥 퍼주듯

시집을 가지 못하고 해를 넘기게 된 처녀가 홧김에 개밥을 퍽퍽 퍼주듯, 듬뿍듬뿍 후하게 퍼주는 상황을 의미하는 표현이다. 지금과는 결혼관 및 '노처녀'의 기준이 다른 시기, 또 한 살 먹는다는 게 매우 서러운 일이었을 게다. 물론 그 히스테리와 달리 포식하는 강아지는 기분이 좋았겠지만.

섣달 그믐은 본래 음력으로 12월의 마지막 날을 의미하지만, 현시대는 익숙한 양력으로 매년 12월 31일을 일컫는 경우도 있다. 강아지의 생일, 추석, 핼러윈, 크리스마스 등 다양한 기념일을 챙기는 반려인이라면 한 해를 마무리하는 날에도 반려견과 행복한 마무리를 하고 싶다. 섣달 그믐 퍼주는 개밥은 '올 한 해도 건강하게 잘 자라준 강아지에게 특별한 먹거리를 선물하는 마음' 아닐까.

개 풀 뜯는 소리

'말도 안 되는 헛소리'를 뜻한다. 육식동물인 개가 풀을 뜯는 상황처럼, 이치나 상식에 맞지 않는 얘기를 하면 면박을 주며 사용한다. 비슷한 속담으로 '미친 개 풀 먹듯'이 있다. 풀을 먹지도 않는 개가 이 풀을 먹을까 저 풀을 먹을까 냄새를 맡는다, 즉, 먹기도 싫은 것을 이것저것 집어먹는 걸 비유적으로 이른다.

그런데 실상은 예로부터 개는 풀을 뜯었다. 조상인 늑대부터 말이다. 달라진 건 오늘날에는 개가 풀을 뜯는 건 이상한 일이 아

님을 안다는 점. 풀이 함유한 섬유질과 비타민이 강아지의 건강에 도움이 된다는 사실도 대부분 알고 있다. 이에 반려견에게 배추, 시금치 등 채소를 급여하는 반려인도 늘었다. '강아지 채식'도 유행하고 있다(물론 육식동물인 개는 풀을 소화시키기 어렵기에 소량 급여가 전제되어야 한다). 따라서 21세기 개 풀 뜯는 소리는 '건강을 위한 채소 한 입을 즐길 줄 아는 웰빙견'을 가리키는 표현이라 할 수 있겠다.

오늘 간식은

THE SCENT OF THE EAST SEA

맛으로 느끼고, 향기로 간직하다

강원도 고성군의 작은 어촌 마을. 서른을 앞두고 귀향한 남자가 있었다. 해풍이 실어온 비릿한 생선 냄새에 유년 시절이 뭉게뭉게 피어올랐다. 그 추억의 한 구석에 '그들'이 있었다. 호시탐탐 생선을 노리던 배고픈 개와 고양이였다. 인생 제2막을 준비하던 남자는 무릎을 탁 쳤다. 생선으로 반려동물 수제간식을 만드는 <동해형씨>는 그렇게 시작되었다.

자료제공 김은율 동해형씨 대표 @eastsea_brother / 에디터 박재림

"인생의 첫 실패 이후 찾은 고향,
그때 맡은 익숙한 '비린내'는 새로운 가능성이었습니다."

2019년 말 동해형씨를 론칭한 김은율 대표는 횟집을 하는 부모의 뒷바라지 아래 대학 입학으로 상경했다. 건축을 전공하며 디자인과 영상 관련 업무를 다양하게 했다. 그는 "30대를 앞두고 '내가 좋아하는 것, 잘하는 것, 보다 많은 사람이 가치를 나눌 수 있는 것을 업으로 삼겠다'고 결심했다. 가족과 고향 사람들이 살아가는 바다를 새롭게 기획하고 디자인한다면? 구상 중 떠오른 게 생선과 반려동물이었다"고 회상했다.

생선은 고단백 저지방에 타우린, 오메가-3 등이 함유되어 있어 개와 고양이에게 급여해도 좋은 먹거리로 알려져 있다. 다만 날 생선은 염분, 기생충, 중금속 중독 등이 좋지 않은 영향을 주기 때문에 익혀서 급여하는 것이 일반 상식이다. 반려동물 식품으로서 생선이 가지는 영양학적 역사학적 의미, 적합한 섭취 방법 등을 공부하고 연구한 김 대표는 '반건조 및 저온보관'이라는 최적의 방식을 찾았다.

동해형씨 수제간식은 방어, 대구, 도치, 연어, 잡어, 송어 등 고성 동해바다에서 갓 잡은 신선한 생선에서 시작된다. 염분을 제거하는 등 1차 손질을 마치고 급냉보관을 한다. 그 뒤 적외선 살균 및 고유의 건조 방법으로 반건조한 뒤 저온보관을 한다. 김 대표는 "이 과정에서 기생충, 세균 감염 우려가 사라진다"고 설명했다. 중금속 등 유해물질 검사까지 통과한 제품은 수작업으로 잔여 가시를 제거한 뒤 포장 배송 되어 전국의 반려동물 식탁 앞으로 향한다.

"염분만 제거하고 껍질째 생선을 전달하는, 특허 받은 저희만의 방식입니다. 생선 고유의 향과 질감을 살리기 위해 반건조로 수분 함량을 높였죠. 그로 인해 유통기한이 짧다는 아쉬움이 있었는데, 올해 초 '진공포장 후 레토르트멸균공법'을 개발하며 실온 유통기한을 6개월~12개월까지 늘렸습니다."

"처음부터 사람이 아닌 반려동물을 위한 먹거리로 손질하죠.
시작점이 다르기에 다양한 생선으로 건강한 간식을 만들 수 있습니다."

"수십년 간 어업과 수산업에 종사하신
부모님과 이웃 어르신들의 도움이 동해형씨만의 비결이죠."

동해형씨의 별미를 즐기는 반려동물 중에는 김 대표가 반려하는 비숑 프리제 '로니'도 있다. 동해형씨 오픈을 앞둔 2019년 6월 김 대표와 아내가 입양한 로니는 육류 알레르기가 있었는데 당시 준비 중이던 생선 간식은 잘 먹었다. 이래저래 가족이 될 운명이었던 셈. 로니를 '딸'이라 부르는 김 대표는 "소형견은 슬개골 탈구를 조심해야 한다. 생선이 로니의 체중관리에도 도움이 되어서 슬개골 부담을 덜었다"고 했다. SNS 등에서 동해형씨 홍보모델로 일하는 로니는 그 월급(?)을 생선 간식으로 받고 있단다.

햇수로 3년. '신생' 동해형씨가 일찍이 자리를 잡은 배경에는 '베테랑' 도우미들이 있다. 김 대표의 부모는 15년 횟집 운영에 이어 수산물 중매업에도 10년 넘게 종사하고있다. 아들은 시기별 어획량과 주요 어종 등 전문적인 지식과 경험, 합리적인 가격에 좋은 생선을 공급받는 노하우 등 30년 수산업 데이터를 전수받았다. 과거 횟집으로 쓴 공간은 현재 동해형씨 플래그십스토어로 변신했다.

"마을 어르신들도 생선 손질 과정에 참여하세요. 어촌마을에서 평생 생선을 손질하신 분들로, 이 분야의 전국 최고 장인이라고 자부할 수 있죠. 사람 먹는 생선보다 더 깔끔하게 손질하고 제조하다 보니 '개랑 고양이 팔자가 상팔자여' '다음 생에는 나도 강아지로 태어날 것이여'하시며 농담도 던지시곤 합니다."

고향 이웃과의 협업은 '보다 많은 사람과 가치를 나누고 싶다'는 김 대표의 꿈이 이뤄져가는 과정이기도 하다. 인구 2만 7000여 명의 어촌 소도시 고성군(2022년 7월 기준)에 새로운 가능성을 제시한 동해형씨는, 소규모 지자체의 고령화 및 인구 소멸을 해결하는 사례로 주목받고 있다.

다만 동해형씨 준비 단계에서 김 대표의 부모는 아들을 만류했다. 잘 배운 놈이 왜 '비린내 나는 일'을 하려느냐 것. 김 대표는 "어린 시절 비린내는 횟집 일이 모두 끝난 밤중에 아들을 안아주시던 부모님의 손에서 나던, 싫었지만 싫어할 수 없는 냄새였다. 성인이 되어 바쁘게만 살다가 고향에서 다시 맡은 그것은

'사람 사는 냄새' '가식 없는 날 것 그대로의 냄새'이기도 했다. 그리고 동해형씨를 준비하면서 맡은 비린내는 '고향에서 찾은 가능성'이었다"고 말했다.

브랜드명에 담은 의미만 봐도 알 수 있다. '동해바다'와 한자 '향기날 형(馨)', 영어 '씨푸드(Seafood)'를 합쳤다. 사람들에겐 기피대상인 생선 비린내가, 후각이 예민한 반려동물에게는 기호성을 자극하는 맛있는 냄새라는 것이다. 낙후된 어촌계의 환경과 그 산물의 이미지를 개선한다는 의미도 더했다. 순박한 어시장의 총각 '형씨'가 정직하게 파는, 바다향 가득한 생선이기도 하다.

동해형씨의 목표는 반려동물 식품으로서 수산물을 더 알리는 것이다. 김 대표는 "우린 처음부터 반려동물용으로 생선을 잡고 손질하기 때문에 다양한 어종을 활용할 수 있다. 현재 제품이 13가지인데, 차츰 50종 이상으로 늘려갈 것"이라며 "우리는 단순히 반려동물 먹거리 중 하나를 만드는 것이 아니라 반려동물

식품의 새로운 가능성을 제공하는 것이라 생각한다. 우리딸 로니를 포함한 모든 반려동물을 위해 좋은 먹거리를 만들겠다"고 다짐했다.

프루스트 현상(The Proust Effect). 향기 또는 냄새에 자극받아 옛 기억이 재생되는 것을 말한다. 마르셀 프루스트의 소설 <잃어버린 시간을 찾아서>에서 주인공이 홍차에 적신 마들렌 향기를 맡고 추억 속으로 떠나는 장면에서 유래했다. 김은율 대표는 생선 냄새가 불러일으키는 그 시절 굶주린 개와 고양이를 잊지 않는다.

"그때와 다르게 유기견은 거의 없지만, 길고양이는 여전히 많습니다. 지금도 생선 손질하고 건조하는 날이면 녀석들이 찾아옵니다. 요기라도 하라고 생선을 조금씩 내어주고 있어요. 소문이 났는지 길냥이 손님이 갈수록 늘어나는 것 같아요(웃음).

식사를 합시다

Bowwow
meow

에디터 최진영 / 그림 권부연

잘 먹겠습니다. 내 오늘 점심 메뉴는 새우와 치킨이 들어갔어.
고소한 치킨 육수와 오동통한 새우살의 조합은 안 씹고도 삼킬 수 있겠어.
넘볼 생각은 하지 마. 다 먹고 나서 그릇 냄새 맡아보는 건 허락할게.

잘 먹겠습니다!
칠면조 고기에 계란 프라이까지. 삼색 연근과 상큼한 딸기도
내 입맛에 딱이야. 네 것도 엄청 좋은 냄새가 난다.
넘볼 생각 말랬지만… 그래도 한 입만 먹어봐도 될까?

(무시)엄마가 너랑 내 사료를 바꿔서 줬던 날 기억나?
난 아직도 너 밥 먹는 모습을 보면 그때 강아지 사료 맛이 떠올라. 웩. 토가 나
올 뻔했다니까. 단식투쟁을 시작하기 전까지 엄마가 눈치 못 챈 것도 신기해.
다시 생각해도 정말 끔찍한 일주일이었어. 근데 넌 그거 다 먹었잖아.

사실 나는 밥이 바뀐 줄도 몰랐어…
촉촉하고, 비릿하고, 짭짤하고… 가끔 그 맛이 그리워.
이제껏 맛보지 못했던 신선한 맛이었달까.
비밀인데 그 이후로도 가끔 너 밥 몰래 훔쳐 먹었어. 미안.

넌 뭐든 너무 잘 먹어서 탈이야.
나라면 절대 안 먹을 것도 덥석 잘 먹어버리지.
네가 포도를 먹어서 난리가 난 일도 기억나네.

더운 여름날 거실에 앉아서 엄마 한 알, 나 한 알 포도를 나눠 먹었었지. 맛있게 먹던 도중에 갑자기 엄마가 눈을 동그랗게 뜨더니 밖으로 데리고 나가는 거야. 맛있는 것도 먹고 산책도 하고 즐거운 날이라고 생각했는데 정신 차리고 보니 병원이었어. 알고 보니 포도가 개한테 치명적인 악마의 음식이더라. 그 뒤로 포도를 두 번 다신 먹지 못했지.

그래도 가끔은 뭐든 잘 먹는 네가 부러워. 나는 까다로운 편이라 가끔 엄마한테 미안할 때가 있거든. 난 후각이 좀 예민해서 냉장고에 넣어뒀던 습식은 먹기 싫어. 내가 안 먹어서 통째로 버려지는 모습을 보면 좀 아깝기도 해. 그래도 따뜻하게 데워주면 먹을 만하더라.

나는 식욕을 참는 게 쉽지 않아. 특히 밖에 나가서 신나게 달리면 배가 엄청 고파져. 산책하다가 바닥에 있는 거 주워 먹어서 병원 간 적도 있잖아. 난 음식 냄새를 맡으면 그 안에 어떤 재료가 들어 있는지 하나하나 다 알 수 있어. 그래서 더 참기 어려운 것 같아. 근데 내가 너보다 냄새를 더 잘 맡잖아. 너는 먹으면 안 되는 음식을 어떻게 구별해?

우선 냄새를 잘 맡아보고 혀 끝을 살짝 대서 맛을 조금 봐. 그 다음 기억을 잘 되살려서 뭔가 기분이 찜찜하다면 그 음식은 패스해. 배가 아플 수도 있거든. 배가 조금 고프더라도 아프지 않은 것이 우선이야. 아, 나는 벌써 배가 부른 느낌인데. 내 배 빵빵해진 것 좀 볼래?

벌써 배가 부르다고? 나보다 조금 먹었잖아. 나는 먹어도 먹어도 배가 고픈데, 혹시 우리 입속이나 뱃속이 다르게 생긴 걸까? 아~ 해봐. 한 번 확인해 보자.

우와, 송곳니가 정말 날카롭네. 뾰족한 이빨이 꼭 칼날 같기도 한 게 정말 멋있어. 어? 근데 나보다 이빨 수가 훨씬 적네? 어금니도 너무 작아서 잘 씹히지도 않겠는데? 그래서 항상 송곳니로 사료를 씹어 먹는구나. 이빨이 작고 약해서 개 껌도 못 먹겠네…

넌 어떻게 생겼는데? 너도 아~ 해봐! 이빨이 엄청 크고 턱 근육도 멋지게 붙어 있네. 그래서 큰 개 껌을 잘근잘근 맛있게 씹어 먹었구나. 어금니도 튼튼하니 음식을 잘 부셔 먹을 수 있겠어. 네가 뭐든 잘 먹는 이유는 이빨이 튼튼하기 때문인가… 근데 밥 다 먹었어? 이제 물먹으러 가자.

아, 이거 맛보니까 수돗물이네.
바꿔 마시자. 나는 생수가 더 깔끔하니 맛있어.

정말? 나는 수돗물이 더 좋은데. 생수는 무거운 맛이 나거든. 저번에 엄마 말 들어보니까 무슨 영양소가 들어서 강아지한테는 생수가 더 좋다고 하더라. 민… 미네… 뭐라고 했던 것 같은데. 미네랄?

아, 이제 정말 배불러. 우리를 위해서 항상 정성스러운 밥을 준비하는 엄마를 보면 난… ㄱ ㅏ 끔 눈물을 흘ㄹ ㅕ… 머리가 아닌… 맘으로 우는 내가 좋다.

또 시작이네. 밥 먹고 나면 조금 더 심해지는 것 같아. 엄마가 우리의 밥을 준비하는 걸 보면 참 고생이다 싶어. 재료를 씻고, 자르고, 삶고… 좋아하는 건 뭔지, 알레르기는 없는지 늘 먹는 걸 관찰하기도 하고 말이야. 밥 먹을 때 우리를 보는 눈빛이 느껴질 때도 있지. 난 그럴 때일수록 더 맛있게 먹는 소리를 들려줘. 와작 와작 사료 씹는 소리는 엄마를 가장 힘 나게 하거든. 이렇게나마 고마운 마음을 전해주고 싶어.

Where Is Nice Bowl? Yogi!

글 김창섭 요기펫 대표 @taillog2019 / 에디터 박조은

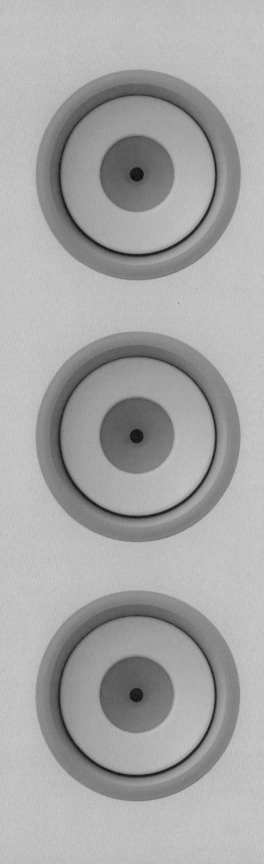

"반려동물은 오롯이 혀를 통해 물과 사료를 떠서 먹거든요"

반려동물은 우리처럼 도구를 사용할 수가 없어요. 그래서 사람이 사용하는 식기에 음식과 물을 담아서 먹다 보면, 털이 쉽게 더러워지고 사레가 들리기도 해요. 이 점을 유심히 파고들어 제품에 적용했습니다. '동물 친구들이 좀 더 편하게 물을 마실 수 있었으면 좋겠다. 반려인들도 제품을 관리하기 쉬우면 더 좋겠어'라고 생각하면서요.

"토리야, 요기에 물 있다"

지금으로부터 23년 전, 반려견 토리를 처음 만났어요. 그때는 '반려동물 용품'이라는 개념도 없던 시절이었어요. 반려동물 식기라고 해봤자 별 게 없었죠. 사료와 물을 그릇이나 종이컵에 담아주던 시절이니까요. 토리는 물을 마실 때마다 유독 사레들림이 많았고, 물을 마시고 나면 턱이 젖어 있었어요. 그 상태로 집안을 돌아다녔으니 바닥에는 항상 물기가 흥건했죠. 그 모습을 보고 제품 디자이너로서 세상에 없는, 토리만을 위한 제품을 만들어보자는 생각이 들었어요.

"단순하고 간결하게"

요기펫에는 3명의 디자이너가 있습니다(전체 직원이 3명인 건 비밀입니다). 세 명 모두 복잡한 걸 싫어해요. 사람이든, 기계든 그게 뭐가 되었든지요. '단순하지만 사용하기 편하고 꼭 필요한 제품을 만들자'는 것이 저희가 제품을 만드는 기준이에요. 그래서 일단 아이디어가 떠오르면 복잡한 계획은 뒤로 미루고 가지고 있는 재료로 샘플을 만들어요. 주변에 있는 재료라고 하면 종이, 아크릴 등의 그런 간단한 재료들이겠죠? 이런 방식으로 샘플을 만들다 보면 과정이 단순하고 간결해져요.

"물을 많이 넣든, 적게 넣든 일정한 물이 나오는 물그릇"

사레들림과 털이 물에 젖는 문제를 동시에 해결하는 물그릇을 만들고 싶어서 고민을 참 많이 했습니다. 처음에는 자동으로 물이 나오는 자동 급수기를 만들어야 겠다고 생각했어요. 자동 급수기는 물의 양이 일정하게 나오기 때문에 급하게 물을 마시는 아이들이 사레들리는 것도 막아주고 털도 덜 젖거든요. 하지만 자동 급수기를 만들려고 하니 제품화되기까지 현실적으로 많은 어려움이 있었어요. 개발하는데 드는 자금도 문제였고요. 하지만 고민은 더 많은 고민을 불러올 뿐, 방법은 떠오르지 않았어요. 그러던 어느 여름날, 머리나 식힐 겸 해수욕장에서 친구들과 놀고 있었죠. 튜브를 타고 물에 둥둥 떠있었는데, 그때 번뜩 이런 생각이 들더라고요.

'꼭 자동 물그릇이 아니더라도, 이 튜브처럼 물에 둥둥 떠 있는 덮개가 있으면 해결할 수 있지 않을까?' 2002년 개발한 '요기 물그릇' 1세대 제품은 분리되지 않는 상판을 가지고 있었어요. 주름이 많이 잡힌 튜브 형태의 상판이었는데, 사용하다 보면 주름 사이에 물때가 끼는 문제가 생기더라고요. 제품 관리를 아무리 열심히 해도 습한 환경이나 반려동물의 침에 의해 생긴 문제를 해결할 수 없었어요.

그래서 새로 만든 2세대 요기 물그릇은 주름을 없애고, 물그릇과 분리되는 통상판을 만들었죠. 2세대 제품부터 항균 소재를 적용하면서 색상도 변경했어요. 폴리프로필렌 또는 ABS 소재를 기본으로 만들었는데요. 이 소재로 만든 제품은 내구성도 좋고 항균도 되니 장점이 많았어요. 반려동물의 입이 직접 닿는

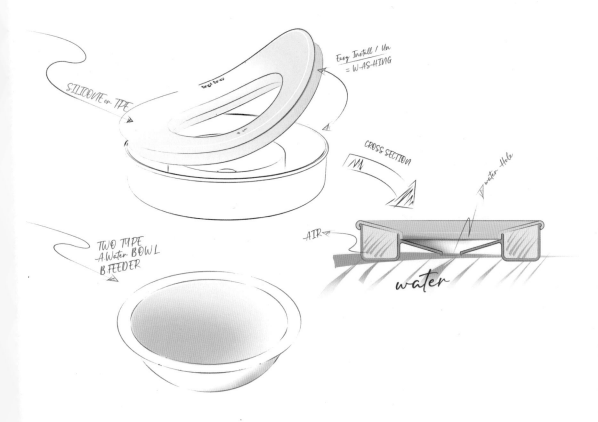

SILICONE or TPE

Easy Install / Un
= W-AS-HING

CROSS SECTION

water Hole

AIR

TWO TYPE
A. Water BOWL
B. FEEDER

water

Designer 김재훈, 조아롬

부분이니 세균 번식을 억제하고, 탈취 효과 등이 있는 항균 소재를 찾아 사용하게 되었어요.

그런데 문제가 있었어요. 통상판 중앙의 미세한 틈으로 물이 들어가면서 상판 내부에 물이 차는 거죠. 그래서 또 이 문제를 어떻게 해결해야 할지 고민이 시작되었습니다. 이번에는 락앤락 식기를 보고 영감을 얻었죠. 락앤락 뚜껑처럼 상판 자체를 분리되게 만들어봤어요. 그래서 3세대 물그릇은 관리하기도 쉽고 세척도 쉬울 뿐 아니라 이전 제품들의 장점은 그대로 살린 '분리형 상판'을 가지게 되었답니다.

2000년대 초에는 반려동물 용품 시장은 '애견'용품 시장이었어요. 이제는 반려문화가 점차 확산되면서 소비자 역시 빠르게 변하고 있어요. 자연스럽게 많은 기업들이 반려동물이 사용하는 물품과 공간을 더 편하고 안전하게 만드는 방법을 고민하게 되었죠. 국내에서 자체 개발하는 제품은 아무래도 중국에서 만들어지는 제품보다는 가격적인 메리트가 없을 수 있어요. 원자재 및 가공비, 인건비 등 제작비부터 차이 나니까요.

하지만 그만큼 디자이너들의 깊은 고민과 더 나은 재료로 만들어지는 제품이랍니다. 반려동물 용품의 경우, 실질적으로 사용하는 대상이 반려동물인지라 사용 후기를 직접 들을 수 없어요. 용품을 구매한 보호자의 관점에 따라 다양한 평이 생긴다는 특징이 있죠. 때문에 유사품이 아닌 많은 고민을 통해 만들어진 제품에 대한 신뢰도가 높아졌으면 하는 바람이 있습니다.

Where Is Nice Bowl?

Yogi!

2022

RESEARCH
PROJECT

F.E.E.D

리서치 프로젝트 <F.E.E.D>

에디터 박조은, 최진영 / 그래픽 최형윤, 권부연

개는 자신만의 고유한 영양 체계를 가지고 있다. 같은 영양 성분을 요구하더라도 필요량은 천차만별이다. 단백질을 예로 들자면, 개는 사람보다 많고 고양이보다는 적은 양의 단백질을 필요로 한다. 심지어는 소형견과 중형견이 필요로 하는 영양분까지 다르다.

이러한 차이점은 전용 사료의 중요성을 시사한다. 사료의 홍수 속에 살고 있는 우리는, 그 피로감에 전문가의 추천 사료를 절대적으로 신망하며 자신을 속이고 있는 지도 모르겠다. 유명세에 편승한 무조건적인 신뢰는 나의 반려견을 책임지지 않는다. 이젠 화려한 앞면에 숨겨진 뒷면을 확인할 차례다. 그동안 무심하게 지나친 사료 포장지의 뒷면은 언젠가 우리에게 읽히길 기다리며 오랜 시간 수많은 내용을 소상히 담고 있었던 건 아닐까.

FEED IS MADE LIKE THIS

1. 사료는 이렇게 만들어 진다
1-1. 사료의 변천사

인류와 개가 함께 지내기 시작한 때부터, 근대에 이르러 19세기까지. 마땅한 주식이 없었던 개는 인간의 음식을 나눠 먹으며 지내왔다. 기술과 문화가 발전함에 따라 인류는 진보하는 미식 문화를 향유했지만 개들의 음식은 관심 밖의 일이었다. 당시 개 애호가들도 별다른 경각심 없이 사람의 음식을 급여한 것으로 미루어 볼 때, 인류가 얼마나 개의 식사에 무지했는지 알 수 있다. 그렇게 긴 인고의 세월을 보낸 개들에게도 드디어 오롯이 그들만을 위한 식사가 생겨났다. 1860년, 영국의 한 부둣가에서 시작된 개 전용 비스킷은 주식 사료의 기틀을 마련하며 사료 시장의 서막을 올렸다.

1860

1920

1940

제임스 스프랫은 영국의 한 부둣가에서 선원들이 남긴 과자를 주워 먹는 개를 보고 비스킷 형태의 사료를 개발했다. 소의 피, 채소, 밀 등을 이용한 이 비스킷은 영국 사람들에게 선풍적인 인기를 얻는다. 비스킷이 사료의 초석이 된 셈이다.

캔 형태의 습식사료 켄엘 (Ken-L Ration)이 최초로 출시된다. 이후 통조림 형태의 사료가 주류 시장을 차지한다. 말고기를 주원료로 사용한 이 사료는 미국 정부의 승인까지 획득하며 사료 시장에서 90% 이상의 점유율을 차지했다.

2차 세계 대전의 영향으로 사료 생산에 문제가 생긴다. 전쟁으로 인한 금속 원료의 수급 불안으로 캔 형태의 사료 제작이 어려워졌다. 또한 사료로 만들어지는 말들의 생명권을 문제 삼은 동물 애호가들의 반발도 거세지며 새로운 국면에 접어든다.

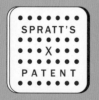

미국의 사료 제조사 <퓨리나 (Purina)>에서 익스트루젼 공법 개발에 성공한다. 익스트루젼은 시리얼 제조 공법에서 영감을 얻어 개발된 제조 방식으로, 건식과 습식 원료를 배합해 만들어진다. 이 공법의 개발로 사료의 대량 생산에 더욱 박차를 가하게 된다.

미국국립연구위원회 산하 국립과학아카데미에서 '개와 고양이에 대한 영양학적 권장사항'을 공식적으로 발표한다. 이 발표는 사료의 건강한 첨가물과 올바른 성분 구성표 등의 사항을 지킬 것을 요구한다. 이것을 통해 상업적 사료에 첨가되는 영양 성분의 기틀을 마련했다.

반려동물 산업이 더욱 가속화되면서 더욱 좋은 사료 제작을 촉구하는 목소리가 커졌다. 따라서 사료의 다양화, 세분화가 계속 진행되며 나이, 체중 등 개인 활동 수준에 따른 전문 사료도 시장에 선보이게 된다. 국내에서도 사료 생산량이 증가하기 시작한다.

1940 1950   1960   1980   1990 2022

전쟁의 여파로 동물의 사료가 '비 필수품'으로 분류된다. 보관과 이동이 용이한 종이 상자에 담긴 건사료가 더욱 대중화되었으며, 이 형태의 사료는 기존 말고기를 이용한 사료보다 수익성이 좋았기 때문에 많은 회사들이 건사료 사업에 뛰어 들었다는 이야기가 있다.

미국애완동물사료협회에서는 앞서 이야기한 익스트루젼 방식의 사료가 가장 완벽한 형태의 사료라는 의견을 제시하며 대중에게 건사료의 중요성을 알렸다. 또한 개에 대한 인식이 확대되면서 수의학적 측면을 고려한 사료들이 출시되었다.

국내 사료 시장은 큰 성장세를 보인다. 2021년 반려견 펫푸드 시장의 규모는 8959억원에 달한다. 2020년 약 7923억원 수준이었던 사료 시장은 1년새 약 1000억원 이상 성장했다. 그로 인해 휴먼 그레이드 재료를 활용하는 사료가 상당량 도입되었으며 그 기세는 꾸준히 이어질 것으로 추측된다.

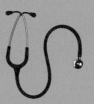

1-2. 사료의 형태와 제조 공법

사료는 제조 방법에 따라 액상, 젤리, 환 등 다양한 형태로 만들어진다. 제조사에서 사료를 만들고 성분을 등록할 때 사료의 형태를 기재하도록 되어 있으며 사료의 형태는 20가지 이상이다. 그 중에서도 우리에게 익숙한 대표적인 사료 형태는 고온, 고압에서 사료 알갱이를 부풀리는 방식의 익스트루전이다.

익스트루전 Extrusion
가장 많이 사용하는 제조 방법이자 사료 형태. 원재료를 잘 섞은 반죽을 잘라 낸 뒤, 압출 성형기(Extruder)에 넣고 높은 압력에서 가열 및 건조해 알갱이를 부풀리는 방식이다.

오븐 베이크 Oven Baked
익스트루전 공법보다 저압, 저온의 오븐에서 천천히 굽는 공법. 영양소 파괴를 최소화해 조금 더 소화가 쉽고 밀도가 높은 사료를 만들 수 있다.

동결 건조 Freeze-Dried
원료를 냉동 후, 압력을 낮추어 얼음으로 바뀐 수분을 모두 수증기로 만들어 건조하는 방식.

펠릿 Pellet
가루 사료를 펠레터라는 기계를 사용해서 고온 증기로 가압하여 단단하게 만든 형태.

DOUGH

EXTRUDE

HEAT &DRY

1-3. 사료의 후가공

코팅

성형을 마친 사료는 맛과 영양을 추가하는 코팅 과정을 거친다. 고온, 고압을 거치는 과정에서 영양분이 손실될 수 있기 때문에 이를 보충하기 위해 오메가3, 비타민 등 영양 성분을 더해준다. 또 기호성을 높이기 위해 원료 추출물이나 농축한 향료 등을 첨가한다. 영양분을 높이고 풍미를 더하는 이 과정을 통해 사료는 더욱 맛있고 건강한 식사로 탈바꿈한다. 통상적인 코팅 과정은 3번의 공정을 거친다. 가장 안쪽은 유분, 다음은 수분, 그리고 가루의 순서로 코팅한다. 코팅의 균일함은 기호성에도 큰 영향을 주기 때문에 효과적으로 코팅이 사료 표면에 접착될 수 있도록 해야 한다. 코팅 공정을 거치면서 사료 표면이 맨질하고 기름기를 띠게 변용되는데, 우리가 사료를 기름에 튀겼다고 생각하는 이유도 이 때문이다.

포장지

사료의 포장지는 대부분 식품에 사용 가능한 비닐을 사용한다. 따라서 각 제조사마다 포장지 재질이 크게 다르지 않다. 단, 보관이나 이동 중 포장지에 구멍이 나면 공기와 만나 산패가 진행되기 때문에 두꺼운 비닐을 사용한다. 사료와 직접 접촉되는 내부는 더욱 중요하기 때문에 알루미늄 박을 더해 습기를 차단하고 사료가 변형되는 것을 막는다. 또한 사료 포장지 겉면에 미세 천공을 내어 운반에 용이하게 하며 내부의 가스를 배출시킨다. 투명창을 추가해 보호자가 사료의 형태를 확인한 후 선택할 수 있게 돕기도 한다.

ESSENTIAL PETFOOD GUIDELINE FOR KOREA

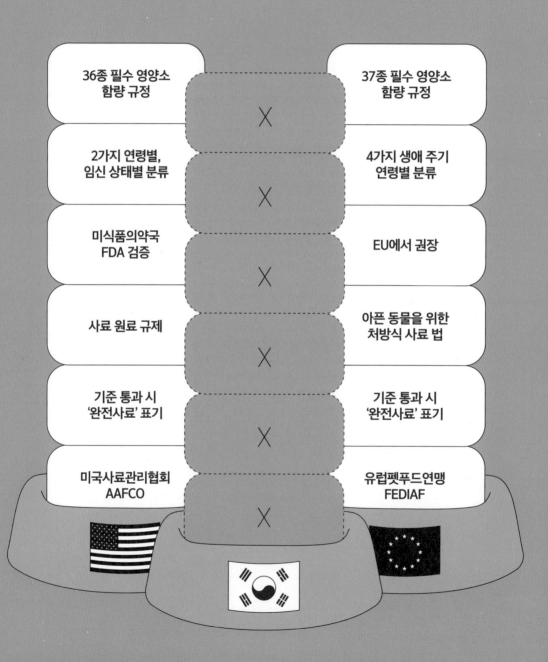

36종 필수 영양소 함량 규정	X	37종 필수 영양소 함량 규정
2가지 연령별, 임신 상태별 분류	X	4가지 생애 주기 연령별 분류
미식품의약국 FDA 검증	X	EU에서 권장
사료 원료 규제	X	아픈 동물을 위한 처방식 사료 법
기준 통과 시 '완전사료' 표기	X	기준 통과 시 '완전사료' 표기
미국사료관리협회 AAFCO	X	유럽펫푸드연맹 FEDIAF

2. 반려문화 강대국 대한민국의 사료
2-1. 영양학적 가이드 라인

2021년 KB경영연구소 조사에 따르면 54.6%의 응답자는 사료 구입 시 가장 중요한 요인으로 '영양 성분'을 꼽았다. 그러나 일반 소비자가 복잡한 영양구성표를 해석하는 것은 생각보다 까다롭다. 요구되는 영양소의 가짓수가 상당할 뿐만 아니라 반려견의 연령, 건강 상태 등 여러 요소를 고려해야 하기 때문이다. 그렇다면 나의 반려견에 적합한 성분 기준은 무엇일까. 반려동물 문화의 선진화가 속히 이루어진 미국 및 유럽 대륙 등지에서는 학술적 연구를 통해 마련한 영양 가이드라인을 제시하고 있다.

미연방 및 주 공무원, 수의사, 과학자, 사료 생산자들로 구성된 미국사료관리협회(AAFCO)에서는 범세계적인 영향력을 가진 가이드라인을 제시하고 있다. 반려견의 영양소 기준치를 과학적으로 분석해서 만든 기준으로, 반려견을 성장 및 임신수유기와 성숙기로 나누어 최소한으로 필요한 36종 영양소의 함량을 규정하고 있다. 미식품의약국(FDA)의 인증을 받았으며 이 가이드라인을 충족한 사료는 'Complete&Balanced(완전사료)' 문구를 표기할 수 있다.

유럽펫푸드연맹(FEDIAF) 또한 자체적으로 사료의 영양학적 가이드라인을 제시하고 있으며, EU에서 이를 따르기를 권장한다. 반려견을 성견, 14주 이상의 자견, 14주 이하의 자견으로 분류하여 연령별로 필요한 37종의 영양소를 그램 수, IU, 비율 등으로 자세히 표기하고 있다. 뿐만 아니라 처방식 사료의 법 규정(PARNUTs)을 마련해 아픈 동물이 먹는 사료의 영양까지 제도적으로 관리하고 있다. 가이드라인을 충족한 사료는 'Complete Feed(완전사료)' 문구를 표기할 수 있다.

반면 국내에는 반려견의 건강 유지를 위해 반드시 고려되어야 하는 영양학적인 권장 규정과 공인된 인증제도가 없다. 사료관리법 상 산업동물용 사료와 함께 관리되며 조단백, 칼슘, 인 등 5종 영양소의 최소, 최대량을 백분율(%)로 표기하는데 그친다. 펫 푸드 업체가 자체적으로 해외 기준을 반영해 사료를 생산하는 실정이다.

출처 한국수의영양학회, 국내 펫푸드 영양 가이드라인 수립을 위한 제언(2022)

EXAMINATION OF S.O.A

3. S.O.A 사료를 분석하다

기호성, 성분, 알레르기, 후기, 그리고 가격까지. 구매 직전까지 이어지는 많은 조사와 고민에도 올바른 사료를 선택한 것인지 확신하기 어렵다. 반려견의 영양과 미식에 관심이 많을 독자들을 위해 멜로우가 공부를 자청했다. 영양소, 원재료, 형태는 물론 맛과 식감까지. 멜로우의 엄정한 기준을 토대로 선출된 세 가지 사료를 낱낱이 살펴보았다. 멜로우가 분석한 이 사료를 기준으로 반려견이 건강하고 맛있는 식사를 즐기기를 바란다.

자료제공 스텔라앤츄이스코리아, 오리젠 두원실업(주), 아투 펫트코리아

S사

- **AAFCO 기준 통과**
- **오븐 베이크** Oven baked **, 펠릿** Pellet
- **Shape** 약 6~13mm의 바닥이 평평한 반구 형태이다. 모든 제품은 전 연령에게 급여할 수 있으므로 반려하는 아이의 크기와 먹는 속도에 맞춰 크기를 선택하면 된다. 가루를 압착해서 저온에서 천천히 굽는 오븐 베이크 공법으로 제조한 사료로, 다른 사료에 비해 색이 연한 편이다.
- **Smell** 사료 특유의 향이 가장 적은 제품이다. 오븐 베이크 공법으로 제조된 사료로 표면 기름기가 적은 편이라서 담백한 원재료 향이 난다. 간혹 사료의 향이 역하게 느껴지는 반려인에게 추천한다.
- **Sound** 쿠키처럼 부드럽게 씹힌다. 아삭아삭 씹는 소리가 꼭 과자 먹는 소리 같기도 하다.
- **Texture** 오븐에 구운 쿠키처럼 바삭한 식감이 인상적이다. 가루 사료를 압착한 펠릿 형태의 사료로 타사 사료에 비해 덜 딱딱하고 씹을 때 쉽게 부서지기 때문에 치아가 약하거나 체구가 작은 반려견도 맘 놓고 즐길 수 있다.
- **Taste** 동결 건조 가루가 사료 겉면에 코팅 되어 있다. 때문에 생식 맛이 강하게 난다.

O사

- **FEDIAF 기준 통과**
- **익스트루전** Extrusion
- **Shape** 약 1.6cm의 원형 형태이다. 자연건조한 고기를 가공하지 않고 사용했기 때문에 알갱이 모양이 일정하지 않다. 사이즈가 큰 편에 속하므로 큰 알갱이를 먹기 어려워하는 아이들의 경우에는 잘게 부숴서 급여해도 괜찮다. 단, 열을 가하면 영양소와 효소가 파괴될 수 있으니 주의해야 한다.
- **Smell** 향이 강한 편이다. 열자마자 퍼지는 원재료의 진한 향이 아이들의 식욕을 자극한다. 생선 포뮬러 제품은 말린 황태 혹은 쥐포 향이 난다.
- **Sound** 가볍고 청아한 소리가 난다. 견과류를 씹듯 맑은 소리가 나서 마치 ASMR(자율감각 쾌락 반응)을 듣는 것처럼 재미있다.
- **Texture** 마치 튀긴 듯한 크런치함을 느낄 수 있다. 수분감이 많아 손으로 잡아 보았을 때 살짝 말랑하게 느껴지기도 한다.
- **Taste** 양념하지 않은 생고기 맛이라고 비유할 수 있겠다. 식물 단백질을 배제하고 가공하지 않은 고기를 원재료로 사용하기 때문에 알갱이마다 맛이 조금씩 다를 수 있다.

A사

- **FEDIAF 기준 통과**
- **익스트루전** Extrusion
- **Shape** 1cm 내외 사각형 형태로, 잘 씹지 않고 삼키는 경향이 있는 반려견들에게 특히 추천한다. 연구 결과에 따르면 사각형 형태의 사료는 음식물의 섭취 속도를 늦추어 소화에 도움이 된다고 한다. 또한 단백질 함량이 높아 색상이 초콜릿처럼 다소 진하다.
- **Smell** 인공 향료를 사용하지 않아 원재료의 향이 강한 편이다. 때문에 원재료에 따라 반려견들의 선호도가 나뉠 수 있다.
- **Sound** 말린 옥수수를 씹는 것처럼 경쾌한 소리가 난다.
- **Texture** 손으로 잡아 보았을 때 살짝 단단하게 느껴진다. 크래커 같은 바삭한 식감으로 씹는 즐거움이 크다.
- **Taste** 단백질 함유량이 높은 고농축 사료로 재료의 풍미가 강하게 느껴진다.

DECISION A STANDARD

4. 기준을 제시하다

mellow는 더 많은 반려인들이 '사료'에 대해 자세히 그리고 잘 알기를 바란다. 주식으로 먹이는 사료는 간식과 다르다. 반려견의 영양에 지대한 영향을 미친다. 그러므로 반드시 영양학적으로 균형 잡힌 사료를 선택해야 한다. 그래서 우리가 알아보고, 문제점을 파악하고, 실제 사료를 분석해 봤다. 이 리서치를 바탕으로 사료 선택의 기준을 제시한다.

기준 하나. AAFCO, FEDIAF 인증
미국사료관리협회AAFCO 가이드라인을 충족하는 사료는 포장지에 'Complete And Balanced'라는 문구를 표기할 수 있고, 유럽펫푸드연맹FEDIAF의 인증을 받은 사료에는 'Complete Pet Food'라는 문구를 표기할 수 있다. 위 문구가 없는 경우에도 제조사 홈페이지 확인 등의 방법을 통해 인증 여부를 확인할 수 있다.

기준 둘. 제조사의 전문성
사료의 홍수 속에서 믿을 수 있는 제조사의 사료를 선택하는 것은 필수다. 사료 개발 과정에 영양학 전문가와 수의사가 참여했는지, 출시 전에 급여 테스트는 진행했는지, 또 제조사 내에 품질 관리팀이 있어 이미 제조된 사료를 관리하고 있는지 알아봐야 한다.

기준 셋. 신선한 재료
제조사 홈페이지를 통해 사료에 사용하는 재료를 어디서 어떻게 수급하고 있는지 확인할 수 있다. 성분표에 '~등'으로 표기된 사료는 불분명한 재료를 사용했을 경우가 있으니 주의해야 한다. 오가닉 재료를 사용하는 사료를 선택하고 싶다면 국립농산물품질관리원의 유기농 인증제 마크를 확인하자. 수입 사료에서도 USDA Organic 마크를 확인할 수 있다.

기준 넷. 적확한 성분 표기
반려견의 연령과 건강 상태에 따라 요구되는 영양소 기준이 다르므로 개별적으로 알맞은 사료를 급여해야 한다. 질환이 있는 반려견의 경우 주식사료와 구분된 처방식 사료를 먹일 필요가 있는데, EU의 특수목적 사료 법을 따른 사료를 선택하는 것이 믿음직하다.

F.E.E.D

GUARANTEED ANALYSIS

Exact Crude Protein	- - -%
Exact Crude Fat	- - -%
Exact Crude Fiber	- - -%
Exact Moisture	- - -%

Dog Talk

Open Up!
Golden
"Nugget"
Retriever

인절미 묻은 너깃

금빛에 가까운 밝은 노란빛. 그리고 한 손가락으로도 충분히 집을 수 있고 한
입에 쏙 들어가는 앙증맞은 크기. 인절미와 너깃은 동서양의 차이를 가뿐히 뛰
어넘는 '닮은꼴' 핑거푸드다. 이 뜻밖의 인연은 반려동물 세계에서 그대로 이
어진다. 한국에서는 '인절미'라 불리고, 영미권에선 '너깃'으로 통용되는 강아
지 덕분이다. 골든리트리버의 매력이 한 가득 채워진 박스를 가볍게 오픈 업!

에디터 박재림

안녕하세요. 가시는 걸음걸음 금빛으로 물들이는 분으로 유명하시죠. 이렇게 자리 빛내주셔서 감사합니다.

초대해주셔서 감사합니다! 저는 골든리트리버입니다. 시작부터 금빛 얘기를 해주셨으니 부끄럽지만 스스로 자랑을 해볼게요. 저희는 가장 인기있는 강아지를 뽑을 때 유력한 금메달 후보로 꼽히는 인기종이랍니다. 아주 옛날부터, 그러니까 19세기 탄생 이후부터 말이죠. 스코틀랜드의 산과 들을 뛰어다니시던 조상님들께서는 수렵견으로 큰 사랑을 받았다고 합니다. 사냥꾼이 총을 쏴서 사냥에 성공하면 그 짐승을 물고 오는 게 주요 임무였다고 해요.

리트리버(Retriever)라는 이름 자체가 회수하다(Retrieve)라는 동사에 행하는 자를 의미하는 접미사 '-ER'이 붙어 만들어졌어요. '회수하는 자'… 참 단순하면서도 멋진 이름이죠? 앞에 붙은 골든(Golden)은 햇살 아래 반짝반짝 빛나는 금빛 털을 의미합니다. 털이 잘 빠지는 편이라 저희가 가는 곳은 어디든 금빛으로 물들죠. 인터뷰 기회를 주신 사회자님께도 한가득 선물해드리고 싶네요. 입고 계신 검은 옷을 금색 옷으로 만들어드릴까요?

앗, 괜찮습니다. 마음만 받겠습니다(웃음). 이름 덕분에 생긴 '아재개그'도 있다고요?

'I am a golden retriever, but I never retrieve gold.' 이 문구를 말씀하시는 것 같네요. '나는 골든리트리버지만, 실제로 황금을 물고 오진 않아요'라는 의미로, 일종의 언어유희죠. 하지만 완전히 틀린 말도 아니라고 생각해요. 저희는 특유의 밝고 명랑한 성격으로 반려인에게 황금이 부럽지 않은 행복감을 선사하니까요!

'골든리트리버와 함께 있으면 똑같이 철없어질 수 있다'는 우스갯소리를 아시나요? 요즘처럼 삭막하고 건조한 현대사회를 살면서, 잠시라도 순수하고 철없던 어린 시절로 돌아갈 수 있다는 건 굉장한 특권이 아닐까 싶어요. 어때요? 세상 걱정일랑 잠시 잊고 골든리트리버의 티 없이 맑고 발랄한 매력에 푹 빠져 보시렵니까?

한국에서는 '인절미'라는 별명으로도 자주 불리시죠. 저희가 <On the table>이라는 주제에 맞춰 초대한 이유랍니다!

일단 저희 골든리트리버의 자랑, 아름답게 빛나는 털 덕분인 것 같아요. 그 색깔이 노란 콩고물이 듬뿍 올라간 먹음직한 인절미를 똑 닮았으니 말이죠. 특히 태어난 지 몇 달 되지 않은 새끼 골든리트리버가 3~4마리 옹기종기 모인 모습을 보면 인절미보다 더 어울리는 별명을 찾을 수 없을 정도예요.

외형뿐만이 아니랍니다. 찹쌀을 쪄서 탱글탱글하게 메친 떡으로 만든 인절미의 그 말랑말랑한 식감이 골든리트리버의 순둥순둥한 성격과 매우 닮지 않았나요? 부드럽고 온순하고 사람을 잘 따르고 IQ도 높은 저희는 맹인안내견은 물론 자폐아동 사회교육을 돕는 강아지로 일하는 경우가 많아요. 그래서 '천사견'이라 불리기도 하죠. 딱딱하게 경직된 세상을 말랑말랑하게 만드는 데 힘을 보태는 중인 것 같아 뿌듯해요.

인절미라는 이름으로 '군대 인권 홍보대사'로 활동하셨다면서요?

2020년 국방부가 주최한 군 인권 홍보 콘텐츠 공모전에서 캐릭터 부문 최우수상의 주인공이 바로 골든리트리버 '인절미'입니다. 친구들을 언제나 즐겁게 해주는 밝은 에너지를 갖고 있다는 설정은 저희 골든리트리버의 성격을 그대로 보여주는 대목이죠(인절미 떡을 좋아한다는 내용도 있는데 이 부분은 설정일 뿐, 실제로는 강아지에게 떡은 추천할 만한 음식은 아니에요). 참고로 인절미라는 이름의 뜻은 '인권 절친은 나(Me)'의 줄임말이라고 해요. 인절미는 콤비인 곰돌이 친구 '인고미(인권 고민은 나에게)'와 호흡을 맞추었어요. 국방부 공식 블로그의 웹툰에 등장하는 등 군대 인권 보호에 힘썼답니다.

한국에선 인절미인데 외국, 특히 영미권에서는 또 다른 음식 이름으로 불린다고 들었어요.

네, 바로 너깃(Nugget)이죠. 고기가 들어간, 한 입에 쏙 들어가는 자그마한 먹거리입니다. 맞아요, 치킨너깃할 때 그 너깃입니다. 한국 사람들이 우리 모습에서 인절미를 떠올리는 것과 마찬가지로, 외국 사람들은 골든리트리버의 털 색깔과 생김새가 너깃과 비슷하다고 생각한대요. 유명 패스트푸드 브랜드의 종이 박스에 새끼 골든리트리버 10마리가 옹기종기 모여 있고 '10piece nugget meal(너깃 10조각)'이라는 문구가 들어간 사진이 인터넷 상에서 유명하죠.

또 너깃은 땅에서 발견되는 귀금속을 의미하기도 해서, '골든 너깃'은 금덩어리로 해석되어요. 여러모로 골든리트리버의 별명으로는 찰떡이라고 볼 수 있죠. 그래도 저는 한국 사람들이 부르는 인절미가 훨씬 더 어울리는 것 같아요(웃음).

음식이라고 하기엔 뭐하지만, '물트리버'라는 별명도 있던데⋯ 혹시 물을 자주 많이 마시나요?

하하, 물을 마실 때 할짝이는 소리가 꽤 큰 편이긴 하지만 그 이유는 아니구요. 골든리트리버와 래브라도리트리버 등 리트리버 견종이 물에서 노는 걸 좋아해서 붙은 애칭이랍니다. 다른 견종과 비교해서 수영도 곧잘 하는 편이죠. 앞서 저희 골든리트리버 조상님들이 수렵견으로 유명했다고 말씀드렸죠? 회수하는 사냥감 중에는 오리, 거위 등 물새류도 있었기 때문에 물 속에서도 잘 움직이도록 사육되었다고 해요. 튼튼하고 긴 다리, 발가락 사이마다 있는 물갈퀴, 차가운 수온에도 체온을 지키기에 용이한 이중모(Double coat) 등 수영에 특화된 신체 조건을 갖고 있기도 하죠. 반려견 수영장과 반려견 해수욕장에서 신난 골든리트리버를 자주 볼 수 있는 이유입니다.

주제가 주제다 보니, 먹는 것과 관련된 질문이 많아요. 큰 몸 덕분에 식비가 많이 들어간다는 소문이⋯.

차마 아니라고는 할 수 없네요, 흑흑. 저희는 비교적 빠르게 성장하는 편으로, 성견이 되면 몸무게가 30~50kg까지 증가해요. 큰 체격을 유지하려면 아무래도 밥을 많이 먹게 되죠. 골든리트리버 성견 2마리의 한 달 식비가 최대 100만원에 육박한 사례가 있다는 것은 우리들만의 절대 시크릿⋯.

몸집이 커서 의도치 않게 사고(?)를 치는 경우도 있어요. 저희 골든리트리버는 활발한 성격과 왕성한 호기심이 특징인데 2살이 되기 전까지 '개춘기' 때 특히 도드라져요. 성견의 몸에 아이의 정신이 깃든 시기다 보니, 저희는 좋다고 안기는 건데 당하는(?) 입장에선 버거울 수 있는 거죠. 수렵견 시절부터 버릇처럼 남아있는, 무언가를 입으로 집어 무는 행동이 문제가 되기도 해요. 그 대상이 작은 강아지나 사람이면 위험한 상황이 발생할 수 있기 때문에 조기교육이 중요합니다. 다시 한 번 말하지만 나쁜 의도로 하는 행동은 아니랍니다, 흑흑.

몸이 큰 만큼 정도 많으신 걸로 정리하죠(웃음). 반려인 분들께 전하고 싶은 말이 있나요?

산책은 기본 중의 기본. 골든리트리버는 비가오나 눈이오나 산책을 원해요. 그리고 털을 자주 빗어 주세요. 빗질은 안쪽부터 해야 털이 엉키지 않는답니다. 털 관리가 제대로 되지 않으면 피부 트러블이 생길 수도 있어요. 또 저희는 다리에 문제가 생기는 고관절이형성증이라는 병에 걸릴 가능성이 높아요. 바닥을 미끄럽지 않게 해주시고, 체중조절을 도와주세요.

얼마 전 한 영화감독님이 배우에게 "골든리트리버처럼 연기를 해달라"고 주문했다고 해요. 덩치는 크지만 귀엽고 사랑스러운 모습이 필요하다면서 말이죠. 어찌나 뿌듯하던지. 앞으로도 말랑말랑한 인절미 같고, 입맛 돋는 너깃 같은 매력의 골든리트리버를 많이 사랑해주세요.

POPINPAW

"A settlement of pet dietary life"

CONTENTS : @popinpaw
CEO : Park Hyun Jung

ANY where
ANY time

eat all day
love all day

반려견 식생활 정착지

전국 각지에서 온 가장 신선한 식재료로 레시피를 만들다.

좋은 식재료는 확실한 원산지 표기에서 시작합니다.
육류와 생선은 어느 지역에서 언제 어떻게 손질한 건지 정확하게 파악할 수 있는 곳에서 가져옵니다. 냉동고에 가득 쟁여 놓지 않고 조금씩 자주 입고하여 최대한 신선함을 지킵니다. 채소와 과일은 전국에서 가장 유명한 생산지에서 입고합니다. 소중한 반려견의 밥상에 오르기까지의 과정이 투명해야 하기 때문에 모든 재료는 확실한 원산지를 밝혀야 한다고 생각합니다.

단백질원의 신선함은 반려견 식사의 기본입니다.
육류와 생선은 정말 많은 등급으로 나누어져 있습니다. 동물복지와 무항생제 고기부터, 불법으로 도축되었거나 언제 얼려진지 모를 분쇄 냉동육까지 가격대도 정말 다양합니다. 타협하지 않고 가장 좋은 식재료를 고집하고 있습니다.

What is good food?
최상의 재료라 하더라도 과하거나 너무 소량의 식사는 반려견을 위한 식사가 아닙니다. 반려견의 몸무게에 맞는 적절한 양의 식사를 제공해야 합니다. 또 단백질원은 다양하게 급여하는 것이 좋습니다. 유산균이나 채소를 곁들이면 더욱 풍성한 식사가 됩니다.

Coconut Ugly Cookie

Recipe   코코넛 어글리 쿠키

Servers	Prepare Time
1 - 2개, 10kg 중형견 기준	40분

Ingredients

- 닭가슴살 300g
- 계란 2알
- 건조 코코넛 분말 30g
  * 건조 코코넛 롱 슬라이스로 대체가능

❶ 닭가슴살을 잘게 갈아주세요.
❷ 닭가슴살과 계란, 건조 코코넛 분말 혹은 롱 슬라이스를
   섞어주세요. 코코넛 분말은 기호에 맞게 조절 가능합니다.
❸ 손바닥 크기로 빚어냅니다.
❹ 150℃로 10분간 예열한 오븐에 150℃로 30분간 구워주세요.
   조금 더 진한 색을 원할 경우 5분 마다 확인하며 더 구워주세요.

코코넛 어글리 쿠키

달콤한 향기에 빠져드는 코코넛 어글리 쿠키입니다. 주재료인 코코넛은 식성이 까다로운 아이들도 좋아하는 재료예요. 풍부한 맛이 일품인 코코넛은 더위에 지친 아이들에게 활력소가 됩니다. 털의 윤기를 지키는데도 도움이 되고요. 간단한 재료로 최상의 맛을 손쉽게 만들 수 있다는 장점이 있어요. 작게, 혹은 크게도 만들어서 즐겨보세요! 곡류가 들어가지 않아 탄수화물의 부담을 덜 수 있는 촉촉한 쿠키입니다.

"To make a recipe with fresh ingredients"

Ding Go Ring Go Cereal

Recipe   딩고링고 시리얼

Servers	Prepare Time
30g, 10kg 중형견 기준	20분

❶ 간수를 뺀 두부를 차가운 생수에 30분간 넣어두세요.

❷ 부침용 두부와 계란, 박력 쌀가루를 섞은 후 곱게 갈아 반죽을
  만들어줍니다.

❸ 반죽을 4개로 나누어 주세요.

❹ 각각 반죽에 비트 분말, 단호박 분말, 시금치 분말, 자색고구마
  분말을 섞어주세요.

❺ 짤주머니에 반죽을 넣어 동그란 도넛 모양으로 짜주세요.

❻ 120℃로 10분간 예열한 오븐에, 120℃로 10분~15분간 구워 주세요.

Ingredients

- 부침용 두부 40g
- 계란 10g
- 박력 쌀가루 30g
- 비트 분말 3g
- 단호박 분말 3g
- 시금치 분말 3g
- 자색고구마 분말 3g

딩고링고 시리얼

알록달록한 색깔의 강아지용 시리얼입니다. 많은 반려견이 즐겼으면 하는 마음으로 육류를 제외하고 알레르기 반응이 적은 두부를 주 재료로 선택했어요. 두부에 들어간 콩은 훌륭한 단백질원으로, 혈관 건강에 유익하며 항암 효과에 효능이 있습니다. 식이섬유도 풍부하여 급격한 혈당 상승을 억제하여 당뇨병 예방에도 도움이 됩니다. 딩고링고 시리얼은 손쉽고 빠르게 준비할 수 있습니다. 식사시간에 애처롭게 쳐다보는 아이들을 위해, 산책이나 피크닉 때 간편하게, 노즈워크나 훈련 시 부담 없이 줄 수 있는 간단한 간식입니다. 다양한 재료가 들어간 만큼 다양한 맛을 즐길 수 있습니다.

150

POPINPAW

"A small and warm pet restaurant"

CONTENTS : @popinpaw
CEO : Park Hyun Jung

ANY where
ANY time

eat all day
love all day

Zucchini Roll

Recipe   쥬키니 롤

Servers	Prepare Time
한끼, 10kg 중형견 기준	120분

❶ 방울토마토를 반절 잘라 에어프라이어에 120℃로 10분간 조리를 3번 반복해 구워줍니다. 꼭 1-2분 정도 텀을 줘 살짝 식혀주세요.

❷ 쥬키니는 깨끗이 씻어 가로로 길게 자른 후 반으로 나누어주세요.

❸ 쥬키니의 바깥 부분을 아래로 두고 속을 파내주세요.

❹ 잘게 갈아낸 말고기로 속을 채워줍니다.

❺ 1단계 아기 치즈나, 무염치즈로 위를 덮은 뒤, 방울토마토를 얹어 주세요.

❻ 100℃로 10분간 예열한 오븐에, 100℃로 60분간 구워 주세요.

  * 낮은 온도로 천천히 구워야 합니다.

Ingredients

- 쥬키니
- 말고기
- 1단계 아기 치즈 혹은 무염 치즈♣♣
- 방울토마토

♣♣ 강아지와 사람이 함께 먹을 수 있는 '무염 치즈'는 락토즈프리 우유, 식초 또는 레몬즙만 있으면 어렵지 않게 만들 수 있어요! 우유를 냄비에 붓고 끓이다가 식초 1.5스푼을 넣어주세요. 주걱으로 저어주면 몽글몽글 우유가 뭉치기 시작할 거예요. 뭉친 우유 덩어리들을 면포에 넣고 물기를 짜주세요. 그러면 '무염 치즈' 완성! 치즈를 걸러낸 유청에도 영양소가 풍부하니 강아지들에게 주셔도 좋아요! 너무 많이 주면 배탈이 날 수 있으니, 물그릇에 반 정도만 채울 수 있는 양을 주세요.

ZUCCHINI ROLL

쥬키니 롤

봄과 여름 사이에 달큰하게 즐길 수 있는 쥬키니 롤입니다. 주 재료인 '쥬키니 호박'은 염증을 억제하는 항산화 성분이 풍부하게 들어있어 성장기 반려견의 골격 형성에 도움이 되며 고령견의 골다공증 예방에도 좋습니다. 또한 비타민A가 풍부하여 눈 점막을 건강하게 유지하고 피부 노화 방지, 면역력 향상에도 도움을 주는 채소입니다. 말고기는 저 알레르기 육류로 고령견에게도 추천합니다. 육류를 변경하여 매 끼니를 다채롭게 즐길 수 있는 메뉴입니다.

"It's time to make your dog happy"

First Spoon Of Pet's Health

건강의 첫 스푼, 식이 습관 관리

글 박은정 펫푸드아카데미 대표 @pejpetfood_academy

누구나, 언제든, 장소를 불문하고 손쉽게 정보를 얻을 수 있는 세상입니다. 넘쳐나는 방대한 정보의 바다에서 살아가는 우리는 어떤 것이 올바른 정보인지 구별하며 받아들이기 쉽지 않죠. 사람과 관련된 정보는 그나마 낫지만, 그 대상이 사람이 아닌 개나 고양이라면 정보의 옳고 그름을 판단하기 더 어렵습니다. 그렇기 때문에 반려동물과 함께하는 보호자는 세심한 관찰과 공부가 필요합니다. 특히 반려동물이 섭취하는 음식은 건강과 직결되는 요소이기에 더욱 신경을 쏟아야 하죠. 바쁜 일상을 사는 우리에게 쉬운 일은 아니겠으나 몇 가지라도 올바른 정보를 알고 있으면 매우 유용하게 활용할 수 있습니다.

우선 반려동물에게 급여하는 음식과 식재료의 제형을 살펴보는 것이 중요합니다. 수분을 얼마나 함유하고 있는지, 식감은 딱딱한지 부드러운지 등을 말이죠. 제형을 확인하는 습관이 들면 반려동물의 음식에 관한 기호도, 소화도 등을 쉽게 파악할 수 있습니다.

사람의 음식과 동물의 음식은 다르다는 원론적인 기준 확립도 필요합니다. 반려동물이 먹는 동그란 사료는 의외로 사람도 먹을 수 있는 재료를 활용하는 경우가 많아요. 그럼에도 사람과 동물은 소화기관의 구조, 소화 흡수 시간, 미각의 발달 정도 등 많은 조건이 다르기 때문에 같은 자료라도 제공법은 달라질 수밖에 없습니다.

내 반려동물의 식이 분석 역시 중요합니다. 어떤 반려동물에게 잘 맞는 음식이어도 다른 반려동물에게는 맞지 않을 수 있어요. '좋은 음식', '나쁜 음식'이라는 식의 단편적인 접근은 좋지 않습니다. 내 반려동물의 건강 상태를 바탕으로 개별적 관찰과 분석을 거친 뒤 음식을 제공하는 꼼꼼함이 필요합니다.

강아지에게 필요한 영양소를 세분화했을 때 중요한 5가지는 단백질, 지방, 탄수화물, 비타민, 미네랄입니다. 수분도 매우 중요하죠. 단백질 중 필수 아미노산이 풍부한 재료(오리고기, 닭가슴살, 캥거루고기, 메추리 등)로 만든 음식은 에너지 활성화, 조직 구성에 도움이 됩니다. 지방은 오메가3 함유량이 높은 연어기름을 추천하며 탄수화물은 현미, 수수 등 복합 탄수화물류를 추천합니다. 사과, 바나나, 딸기, 상추, 단호박 등 과일과 채소로 비타민과 미네랄을 섭취할 수 있습니다.

음식은 약이 아니기 때문에 질병을 치료할 수는 없습니다. 약, 주사처럼 즉각적으로 문제를 해결할 수도 없어요. 그럼에도 불구하고 음식을 통한 식이 관리가 중요한 것은 영양적인 요소가 건강의 기본이기 때문입니다. 그렇기에 영양 관리는 평소부터 꾸준히 해주어야 합니다.

사람의 경우를 생각해보죠. 우리가 몸이 아파 병원을 방문했을 때 자주 듣는 말이 있습니다. '잘 먹고, 푹 쉬어야 한다'는 코멘트 말이죠. 동물도 다르지 않습니다. 몸이 아플 때, 잘 먹고 잘 쉰다는 기본이 충족되지 않으면 치료 기간도 길어지게 됩니다.

요즘은 반려동물을 위한 자연식, 화식, 수제간식 등이 대두되고 있습니다. 가정에서 보호자가 직접 특식을 만들어주는 경우도 많죠. 신선한 재료와 투명한 조리 과정으로 만들어진 수제 음식은 영양 가치가 매우 높아요. 다만 잘못된 지식으로 잘못된 음식을 만들어서 급여하면 역효과를 초래합니다. 그렇기에 조리 과정과 재료에만 초점을 두는 것이 아니라, 음식에 관한 기본적 영양 지식이 필요합니다.

음식으로 반려동물의 건강상 이득을 확인하기까지는 생각보다 많은 시간이 요구됩니다. 1~2회 제공으로 눈에 띄는 드라마틱한 효과를 볼 가능성은 거의 없어요. 장기간 식이 관리를 하며 차분히 경과를 살펴야 합니다. 직접 조리에 소요되는 시간의 투자, 꾸준한 영양학 공부도 필요하고요. 반려동물의 삶에서 가장 중요한 부분이니만큼 어쩌면 당연한 것일 수도 있습니다.

반려동물이 아프지 않고 평생 건강하게 살기를 바라는 마음은 모든 반려인의 공통적인 바람일테죠. 그러나 주변 환경, 스트레스 등 다양한 원인으로 많은 반려동물이 건강상 위협을 받으며 살아가는 것이 현실입니다. 내 반려동물만을 위한 식이 관리를 하며 건강을 지켜주는 데 초점을 맞추는, 깨어있는 생각이 필요하다고 생각합니다.

지금 이 순간에도 반려동물과 교감하는 반려인이 많을 거예요. 반려동물의 행복한 하루에 건강한 음식이 더해진다면 사랑은 더욱 깊어질 것입니다. 소소한 식이 습관 관리가 반려동물의 건강의 초석이 되길 바랍니다.

DESIRE A
HAPPY ENDING

행복을 탐하다

어느 날, 집 앞에 위치한 공사장 기둥에 묶여 있는 허스키를 보았다. 수개월간 우리
동네를 떠도는 빼빼 마른 허스키가 있다는 이야기를 들은 기억이 났다. 주인을 찾
아 주기 위해 유기견 보호소에 허스키를 보내고 얼마 지나지 않아 아이가 안락사
명단에 올랐다는 소식이 들려왔다. 죽음을 눈앞에 두고 혼자 남겨진 이 아이를 데
리고 품어야겠다는 생각이 들었다. 가족이 되기로 결심하고 보호소에 들어선 순간
아이와 눈이 마주쳤다. 그 순간 '내가 이 아이의 엄마가 되겠구나'라는 느낌이 온 몸
을 감쌌다. 그날 본 눈빛과 얼굴이 아직까지도 잊히지 않는다.

글·사진 조윤진 @bigsis_jeju / 에디터 박조은

처음 만난 빅시는 산책 훈련과 배변 훈련, 개인기까지 완벽하게 훈련된 누군가의 '반려견' 같았다. 꽤나 신경을 써서 아이를 키운 것이 느껴졌다. 이전 보호자가 버린 것인지 잃어버린 것인지는 확신할 수 없었으나, 제 주도에는 유기동물 보호소가 하나뿐이고 허스키가 유기되는 경우는 흔치 않다. 아마 이전 보호자가 계속 빅시를 찾으려고 노력했다면 찾을 수 있지 않았을까 하는 생각이 든다.

빅시를 보호소에서 데리고 나온 지 얼마 지나지 않았을 때 심장사상충 치료를 위해 잠시 병원에 입원을 시킨 적이 있다. 그 때 빅시는 병원에 진열된 사료 봉투를 통째로 뜯어서 밤새 먹어 치웠다. 이튿날 출근한 간호사 선생님은 그 모습을 보고 도둑이 든 줄 알고 깜짝 놀랐다고 하셨다. 빅시가 우리에게 입양되기까지 얼마나 오랜 기간 길 위를 헤맸는지는 모르겠으나 당연히 먹을 것이 충분치 않았을 것이다. 그래서였을까. 빅시는 식탐은 상상을 초월했다.

식사 시간은 마치 전쟁통처럼 늘 정신이 없다. 빅시는 밥을 준비하는 소리가 들리면 폴짝폴짝 뛰고 소리를 지르며 온 몸으로 기쁨을 표현한다. 밥그릇을 내려놓자마자 순식간에 자기 밥을 다 먹어 치우고는 남동생인 그레이의 밥을 뺏어 먹기 위해 달려든다. 무던한 성격의 그레이는 누나가 자기 밥을 뺏어 먹어도 꼬리만 살랑거린다.

빅시의 끝없는 식탐에 단점만 존재하는 건 아니다. 다른 강아지들은 맛있는 음식에 약을 섞어줘도 뱉는다던데, 빅시는 손 위에 있는 건 모두 음식이라고 인식하기 약 먹는 일이 식은죽 먹기다. 약을 밥에 섞어주거나, 약을 먹은 뒤 간식을 줄 필요도 없다. 그저 알약을 주면 와그작 와그작 맛있게도 먹는다.

길에서 보낸 힘든 시간 때문이었을까. 입양 후 1년간, 빅시의 건강은 좋지 않았다. 심장사상충 치료와 중성화 수술, 그리고 갑작스러운 발작 증상까지… 다행히 건강식을 챙기는 일은 자신 있었다. 나이 많은 아이들에게 화식과 영양식을 만들어준 경험이 있었으니까. 빅시는 손수 만든 건강식을 정말 맛있게 먹어줬다. 문제는 충분히 운동하지 못했다는 것이다. 함께 살던 노견 숏티에게 치매가 생긴 이후에는 이전처럼 자주 산책을 나가지 못했다. 그렇게 한참 시간이 지나고 정신을 차려보니 주변에서 빅시를 '똥스키'라고 부르기 시작했다.

빅시의 건강이 걱정되어 병원을 찾아갔지만, 의사선생님은 "나중에 노견이 되었을 때를 대비해서 조금 살을 빼면 좋을 것 같지만 당장 건강에는 아무런 이상이 없다"고 했다. 그 말을 듣고도 걱정은 사라지지 않아서 바로 다이어트에 돌입했다. 먼저 다이어트 처방식 사료를 샀다. 그런데 예상치 못했던 일이 벌어졌다. 다이어트 사료를 본 빅시의 표정이 평소와는 다르게 어두운 것이었다. 돌도 씹어 먹던 빅시가 싫어하는 음식이 있다니… 물론 싫은 표정을 지으면서도 남기지 않고 먹기는 먹었다(웃음). 하지만 아이가 이렇게 싫어하는 음식을 계속해서 먹일 수는 없었다. 그래서 저칼로리 화식을 만들어 사료와 섞여서 급여하고, 양배추 등의 채소들을 이용해 포만감을 높이는 방식으로 변화를 줬다. 다행히 빅시가 채소를 좋아해서 식단은 성공적이었다.

문제는 여전히 운동이었다. 빅시는 산책을 나가서 조금만 힘들어도 길 한복판에 대자로 누워 버리곤 했다. 지나가던 사람들은 바닥에 드러누운 빅시를 보고 귀엽다는 듯 웃었다. 그 때마다 내 얼굴은 화끈거렸다. 그렇게 열심히 다이어트를 한 결과 3개월 만에 3kg 정도가 빠졌지만 빅시의 식탐은 이전보다 강해졌다. 땅에 떨어져 있는 것이라면 뭐든 입에 넣으려고 했다. 꽃과 풀을 뜯어먹을 뿐만 아니라 심지어는 돌까지 씹어 먹으려고 했다. 이 모습을 보고 무리한 다이어트를 중단했다. 결과가 눈에 보이지 않더라도 천천히, 건강하게, 하루하루 행복하도록.

빅시는 여전히 뚱스키다. 통통한 빅시의 몸을 보고 손가락질을 하는 사람들도 있다. 염려스러울 수 있다는 건 알고 있다. 하지만 빅시는 추정 나이로 8살, 하루하루가 소중하기만 한 나이다. 우리에게 남겨진 시간이 얼마나 될지는 알 수 없지만 끝까지 건강하고 행복하게 지낼 수 있도록 잘 관리할 것이다. 자신 있다. 세상에 하나뿐인 나의 딸을 위한 일이니까.

Hello, I'm Gunbam
I'm Looking For
My Family

군밤이우/ 9개월/ 6.3kg / 시바견

"다리가 아파도 괜찮아요, 지치지 않는 에너지를 가지고 있거든요, 또 제가 얼마나 똑똑하냐면요, 화장실이 어딘지 배우지도 않았는데 바로 찾았다니까요, 사람들은 제가 너무 귀여웠대요, 발라당이 특기라나 뭐라나, 저는 귀여운 척하는 게 아니라 그냥 귀여운 건데…"

"강아지 키워볼래? 다리가 아픈 아이인데, 갈 곳이 없으면 안락사 시킬 거야." 순간 귀를 의심했어요. 아직 세상에 태어난 지 3개월밖에 안된 어린 강아지가 신나게 한 번 뛰어보지도 못하고 안락사라니… 협박인 줄 알면서도 도저히 외면할 수가 없었어요. 군밤이는 이전 보호자가 미니 시바라고 데려온 강아지였어요. 작고 케어가 쉬울 줄 알았는데 아이의 다리가 아프니 괜히 미워했던 것 같아요. 어린 강아지를 마당 울타리 안에 가둬 두고 사료만 가득 담아놓은 모습을 보고 일단 우리 집으로 데려오기로 결심했어요.

군밤이는 작은 박스에 담겨 우리 집에 왔어요. 박스를 열고 처음 만난 군밤이는 냄새가 많이 났어요. 오들오들 떨면서 얌전히 앉아만 있었죠. 마음이 많이 아팠어요. 3개월 정도의 나이면 한창 호기심도 많고 사고도 칠 나이인데… 일단 그동안 많이 힘들었을 군밤이를 데리고 병원부터 찾아갔어요. 이전 보호자가 "다리가 좀 아픈 것 같은데 치료를 하면 괜찮아질 거다"라고 말했거든요. 그런데 진료를 받아보니 다리는 선천적으로 장애가 있는 상태이며, 수술이나 치료가 어렵다고 하더라고요. 그래도 강아지에게 다리가 하나 불편한 것은 살아가는 데 치명적인 문제는 아니라는 수의사 선생님의 말에 안도의 한숨을 내쉬었답니다. 불행 중 다행이었죠.

당시 군밤이의 온 몸에는 듬성듬성 까만 부분이 있었어요. 좋지 않은 환경에서 피부병까지 얻었던 거예요. 갈색 털에 까만 털이 섞여 있는 모습이 꼭 구운 밤 같더라고요. 그래서 이름을 '군밤이'로 지었답니다. 이제는 피부병이 다 나아서 온 몸이 예쁜 노란색으로 변했어요. 밤 껍질 속 알맹이처럼요. 그렇게 우리 집에 온 군밤이는 금세 마음을 열기 시작했어요. 워낙 사람을 좋아하는 아이라서 금방 적응한 것 같아요. 발라당 누워서 저를 빤히 쳐다보는 애교도 보여줬어요. 그 모습을 보면 안 만져줄 수가 없어요. 너무 귀엽거든요. 만져주지 않으면 더 가까이 다가와서 다시 한 번 벌러덩 누워요. 만져줄 때까지(웃음). 성격도 점차 활발해졌어요. 공놀이를 제일 좋아하는 군밤이가 저에게 공을 가져와서 놀자고 보채기 시작하는데… 정말 감격스러웠어요. 아이가 변하는 모습을 보며 데려오길 참 잘했다는 생각이 들었죠.

군밤이는 머리가 똑똑해서 뭐든 금방 배우고 배변 실수도 하지 않아요. 반려견 카페에 데려가면 친구들과 함께 잘 노는 사회성 좋은 아이예요. 다리 하나가 불편해도 신나게 달려요. 체력도 좋아서 끊임없이 놀려고 하죠. 하지만 한참 놀다 보면 서서히 뒷다리 한 쪽에 무리가 가서 주저앉기 시작해요. 그러면 노는 걸 멈추고 쉬게 해줘야 해요. 체력만큼 맘껏 뛰어놀지 못하는 군밤이를 보면 마음이 안쓰러워요. 그래서 성장기가 끝나면 휠체어를 맞춰줄 생각이에요. 이런 상황이라서 체중 조절도 중요하답니다. 다만 아직 자라나는 성장기인지라 비만이 되지 않을 정도로만 식단을 관리 중이에요.

활발한 성격의 아이다 보니 산책을 자주 시켜줄 수 있고 많이 놀아줄 수 있는 집으로 갔으면 좋겠어요. 분리불안이 있는 건 아니지만 집에서도 자주 놀아줄 수 있는 환경이면 더욱 좋겠고요. 또, 시바견을 파양하는 이유 중 하나가 털 빠짐과 생각보다 큰 몸집이라 하더라고요. 이런 점까지 모두 이해하고 사랑해주는 가족의 품으로 가길 바라요. 다리가 아파서 그런지 입양 문의가 없는 상황이에요. 너무나도 사랑스럽게 웃는 군밤이가 하루 빨리 좋은 가족을 만났으면 좋겠어요. 더불어 강아지를 함부로 입양하고 파양하면 안 된다는 인식이 자리 잡혔으면 합니다.

글·사진 권진아 @gun__bam_ / 에디터 박조은

사지 말고 입양하세요

사지 말고 입양하세요

LET'S MAKE OUR WORLD BETTER TOGETHER

온기를 모아모아

자료제공 애신동산 @aeshindogscats / 에디터 박재림

무더웠던 여름도 이제 슬슬 작별인사를 건네는 듯 합니다. 뜨거운 태양 아래 조금씩 알맹이를 키워온 곡식들은 이제 가을바람 맞으며 풍성한 미소를 지을 터. 하늘은 높고 말은 살찌고, 더불어 강아지도 고양이도 살찌는 계절을 기대하며 저희도 열심히 mellow Vol.4를 준비했습니다.

mellow는 독자님들이 보내주신 관심을 모아모아 도움이 필요한 동물 친구들에게 전달하고 있습니다. 매거진이 한 권씩 판매될 때마다 1000원씩 적립된 금액을 기부 중이죠. 지난 6월 mellow Vol.3 발간 이후 모인 기부금은 8월 중 유기동물 보호소 <애신동산>에 전달되었습니다. 애신동산은 유기견 380여 마리, 유기묘 30여 마리를 돌보는 경기도 포천의 사설보호소입니다.

애신동산의 강아지들은 155개 견사에 나눠 생활 중으로, 하루 한 번 물과 사료를 급여합니다. 견사마다 아이들 수와 성격차에 맞춰 물그릇과 밥그릇을 하나씩 두는 곳도 있고 두 개씩 놓은 곳도 있어요. 자율급식이 불가피한데다 쥐가 먹는 양까지 계산해야 하니 먹을 양의 2~3배씩 담고, 그러다 보니 일반 밥그릇을 사용할 수 없어서 스테인리스 대야를 사용하죠. 대부분 쭈글쭈글 낡은 것들이고요. 가끔씩 기부 받는 좋은 그릇은 노견과 아픈 강아지가 쓰도록 합니다.

간식은 주로 즉석밥 그릇을 사용해요(아이들도 더 맛있는 게 담긴다는 걸 아는지 즉석밥 그릇을 반깁니다). 특히 여름에는 상할 위험이 있어서 밥그릇에 사료와 함께 주기가 어렵습니다. 깨끗하게 씻어 말린 즉석밥 그릇을 많이 기부 받아서 잘 사용했어요. 그러나 물이 부족한 애신동산 환경상 설거지가 어려워 일회용으로만 쓰고 폐기할 수밖에 없었습니다.

애신동산은 이번 mellow 기부금을 스테인리스 대야 등 식기 및 간식 구매에 사용하기로 했습니다. 권민정 애신동산 관계자는 "찌그러진 대야도 없어서 칠이 다 벗겨진 냄비를 밥그릇으로 사용하는 견사도 있는데, 큰 도움이 될 것 같습니다"라며 "지난 여름 쥐버룩으로 고생한 친구들을 위한 외부기생충약도 구했습니다"라고 감사함을 전했습니다.

애신동산의 후원, 입양문의, 봉사활동과 관련된 사항은 애신동산 봉사자모임 홈페이지(https://aeshindongsan.modoo.at)와 카카오 페이지 '애신동산봉사자모임'에서 확인할 수 있습니다.

mellow는 지난해 12월 애신동산과 인연을 맺고 1년 간 매거진의 기부금을 전달했습니다. 그 사이 만난 '귀순이'와 '레이', 그리고 이번호 식기를 선물 받은 아이들까지 강아지 친구들에게 조금이나마 편한 하루하루를 선물할 수 있었습니다. 독자 여러분의 사랑 덕분이었습니다. 저희도 뿌듯하고 행복했습니다. 다음 기부처는 오는 12월 Vol.5에서 소개 예정입니다. 독자 여러분, 다시 한 번 감사드립니다.

발행처

(주)펫앤스토리

Publisher

옥세일 Seil Ok

Contents & Editorial Director

김은진 Eunjin Kim

Senior Editor

조문주 Munju Jo
박재림 Jaelim Park

Editor

박조은 Joeun Park
최진영 Jinyeong Choi

Illustrator

영시 Yeongsi
권부연 Buyeon Kwon
최형윤 Hyeongyun Choi

Art Direction & Design

김은진 Eunjin Kim

Senior Designer

최형윤 Hyeongyun Choi

Designer

권부연 Buyeon Kwon

Sales & Distribution

이재호 Jaeho Lee

Management Support

정선국 Sunkook Jung
안시윤 Siyun An

Marketer

김은진 Eunjin Kim
이유정 Yujeong Lee

Pubilshing

(주)펫앤스토리
도서등록번호 제 2020-00135호
출판등록일 2005년 3월 17일
ISSN 2799-5569
창간 2010년 9월 14일
발행일 2022년 8월 26일

(주)펫앤스토리

경기도 용인시 수지구 신수로 767
분당수지유타워 A동 2102호
767, Sinsu-ro, Suji-gu, Yongin-si,
Gyeonggi-do, Republic Of Korea

광고문의

mellowmate@petnstory.com
070 8671 3423

구독문의

mellowmate@petnstory.com
070 8671 3423

Instagram

magazine_mellow

Web

mellowmate.co.kr